Limpieza, orden y felicidad

Bego, La Ordenatriz

Limpieza, orden y felicidad

Pequeños trucos para solucionar grandes desastres

Planeta

Obra editada en colaboración con Editorial Planeta – España

Bajo el sello editorial PLANETA M.R.
Avenida Presidente Masarik núm. 111,
Piso 2, Polanco V Sección, Miguel Hidalgo
C.P. 11560, Ciudad de México
www.planetadelibros.com.mx

Diseño: Dímeloengráfico / www.dimeloengrafico.es
Ilustraciones del interior: © Made / Noun Project Inc., © Freepik

Primera edición impresa en España: septiembre de 2022
ISBN: 978-84-08-26189-6

Primera edición en formato epub en México: marzo de 2023
ISBN: 978-607-07-9817-7

Primera edición impresa en México: marzo de 2023
ISBN: 978-607-07-9816-0

Impreso en los talleres de Litográfica Ingramex, S.A. de C.V.
Centeno núm. 162-1, colonia Granjas Esmeralda, Ciudad de México
Impreso en México – *Printed in Mexico*

A los que son un desastre, como yo.
Siempre hay un punto de inflexión: podemos priorizar, mejorar y creer más en nosotros mismos.
Puede que nos cueste..., pero lo conseguiremos, no desfallezcan.

El amor comienza en casa,
y no es lo mucho que hacemos...,
es cuánto amor ponemos en cada acción.

SANTA TERESA DE CALCUTA

Índice

Soy Bego,

La Ordenatriz

Siempre he pensado que quienes acuden a @La_Ordenatriz, mi *alter ego* de Instagram, en busca de ayuda y consejos sobre orden y limpieza deben de pensar que mi casa es la más limpia y ordenada de toda España.

¡Si ellos supieran!

Mi casa, como la tuya y como la de cualquiera, tiene días mejores y peores, porque mi familia numerosa y yo vivimos en ella y porque una cosa es segura: aunque dedicara todas las horas del día y de la noche a limpiarla y ordenarla, nunca estaría perfecta.

Y es que, si algo he aprendido en estos últimos años, es que **las tareas del hogar son infinitas,** así que mi intención con este libro no es agobiarte, nada más lejos de la realidad.

Lo que quiero es ayudarte a conseguir que el orden y la limpieza trabajen para ti.

Porque todo lo que te voy a contar en las páginas que vienen a continuación no tiene que servir para esclavizarte:

Este libro existe para hacerte la vida más fácil.

Si no tienes ni idea de quién soy y solo elegiste este libro porque te llamó la atención la portada o te interesó el título, permite que me presente: **soy Bego, organizadora profesional, madre de siete hijos de entre ocho y veintitrés años e *influencer* en mi cuenta de Instagram, La Ordenatriz.**

Con estas credenciales quizá creas que el orden ha sido una gran constante en mi vida y que soy una de esas personas que han logrado convertir su virtud y su *hobby* en su trabajo. Pues siento decepcionarte, pero nada más lejos de la realidad. De hecho, siempre he sido una gran despistada. Tanto que hasta hace relativamente poco ni siquiera era consciente de serlo.

El orden y la organización en casa se mantenían, pero no eran algo que me preocupara tanto. Estaba acostumbrada a navegar en un caos controlado en el que yo creía estar cómoda. Es cierto que cosas tan sencillas como encontrar las llaves antes de salir de casa se convertían a menudo en un acto heroico y que más de una vez tuve que cambiarme de ropa a toda prisa minutos antes de salir de casa porque había descubierto una mancha en los pantalones que no había desaparecido con la última lavada. Pero yo estaba convencida de que eso era lo normal y de que no valía la pena perder el tiempo preocupándose por ello.

Todo cambió con la muerte de mi padre.

Si has vivido una pérdida de este tipo estoy segura de que me entenderás. Si no, te diré una cosa:

Este tipo de sucesos te dejan como a la intemperie, perdida, desorientada, y te empujan a replantearte tu vida entera desde los cimientos.

En realidad, cualquier momento decisivo en tu vida, cualquier etapa que te afecte a nivel personal, puede ser un umbral de cambio en el que el orden te ayude a avanzar mejor.

Y eso es lo que me pasó a mí.

El proceso de duelo me sumió en un estado de apatía —en unas cosas— e hiperactividad —en otras— que empezó a reflejarse en mi entorno. Mi casa estaba completamente desordenada y desorganizada, más allá del caos habitual. Y cuando abría un clóset con la intención de ordenarlo, la magnitud de la tragedia me abrumaba tanto que volvía a cerrarlo de golpe como si dentro habitara un monstruo terrible. No tenía ganas de enfrentarme a mi pequeño caos y todo me costaba mucho trabajo. Olvidaba que tenía cita con el médico o que uno de mis hijos tenía consulta con el dentista.

Tardé casi un año en asumir que la cosa se me había ido de las manos y que había llegado el momento de recuperar las riendas para intentar cambiar la situación.

Años antes, alguien me había regalado el famoso libro de la experta en orden Marie Kondo y aún recuerdo a la perfección que al verlo entre mis manos me dio risa. Entre otras cosas, aquella mujer decía que había que «dar las gracias» y despedirse de los objetos antes de tirarlos. Me pareció una locura que no tenía ningún tipo de sentido en nuestro contexto. Una excentricidad oriental.

Sin embargo, durante mi crisis empecé a ver las cosas de otra manera.

Comencé a intuir que el orden no era algo externo, sino que estaba relacionado con la mente, la voluntad y el corazón.

Que **limpiar y ordenar mi casa podría ayudarme a limpiar y ordenar también mi mente y mis sentimientos,** y que por eso estaba tan paralizada, porque ordenar significaba desprenderme de objetos que tenían historia, que me recordaban momentos y escenas de mi pasado, al que me estaba aferrando. A eso debía de referirse Kondo con lo de despedirse y dar las gracias. Todo estaba relacionado.

Ahora que por fin entendía el problema, había llegado el momento de ponerle solución.

Yo, que había estudiado Publicidad y Relaciones Públicas en la universidad y que trabajaba desde hacía ya muchos años en el estudio de arquitectura e interiorismo de mi familia, **decidí que había llegado el momento de volver a estudiar, esa vez un curso de organización del hogar.**

Lo único que pretendía con ello era ayudarme a mí misma a emprender la ingente tarea que tenía entre manos. Ya te dije que no soy una persona ordenada, así que necesitaba algo de teoría y consejo para saber, al menos, por dónde empezar.

Ese fue también el motivo que me llevó a entrar en un grupo de Facebook llamado «La magia del orden... método Konmari en español». Allí, además de acabar convertida en una de las administradoras, **descubrí que no estaba sola, que no era la única que necesitaba ayuda con esto del orden y que el caos es más bien la norma** (no la excepción) en nuestra cotidianidad. Esto se lo debo a Sabrina, la creadora del grupo.

Sin embargo, el curso no se centraba solo en el orden, sino que buscaba la profesionalización de los alumnos, por lo que también nos formaba en comunicación a través de distintos canales, incluidas las redes sociales, y en el trato con los clientes.

La finalidad era convertirnos en organizadoras profesionales, personas que van a tu casa a poner orden en tus cosas. Yo ni siquiera sabía que ese oficio existía, pero, al descubrirlo, lo tuve claro. Aquello era lo mío.

Desde siempre, lo que más me había gustado de mi trabajo era el contacto con la gente, escuchar sus problemas e intentar solucionarlos. Antes lo hacía mediante las reformas y el interiorismo, y ahora lo haría colándome en los aspectos más íntimos de su vida: en sus cajones y sus clósets.

Y, cuando lo probé, supe que había acertado. Ordenar casas ajenas es un trabajo que implica un gran acto de confianza por parte del cliente y mucha discreción y comprensión por la mía. Por eso **mi máxima desde el principio siempre fue la misma: empatizar y no juzgar.** De hecho, cuando me encuentro con algo muy sucio o desordenado, mi primer pensamiento siempre es «qué no habrá estado pasando esta persona para haber llegado a este punto». Pero yo nunca pregunto, porque lo importante no es cómo hemos llegado hasta aquí, sino que cada cual tiene sus batallas interiores; lo importante es ponerles remedio.

Así, poco a poco, y gracias al boca a boca, mi trabajo como organizadora fue despegando y, en paralelo, en marzo de 2019 abrí mi cuenta de Instagram como complemento a la promoción.

Por aquel entonces, ni yo ni nadie podíamos saber que al cabo de un año exactamente estaríamos todos encerrados en casa por culpa de una pandemia mundial.

Pero pasó, y los independientes que nos ganábamos la vida fuera de casa, como yo, nos encontramos de repente sin ingresos y con mucho tiempo libre, que, en mi caso, decidí dedicar a probar trucos de limpieza que había ido recopilando, pero que nunca había podido poner en práctica, porque la paciencia no es lo mío.

Cuando algo funcionaba, lo compartía en mi cuenta de Instagram, y aquello hizo que más gente empezara a acudir a mí con dudas y preguntas sobre limpieza a las que fui intentando responder en la medida de mis posibilidades.

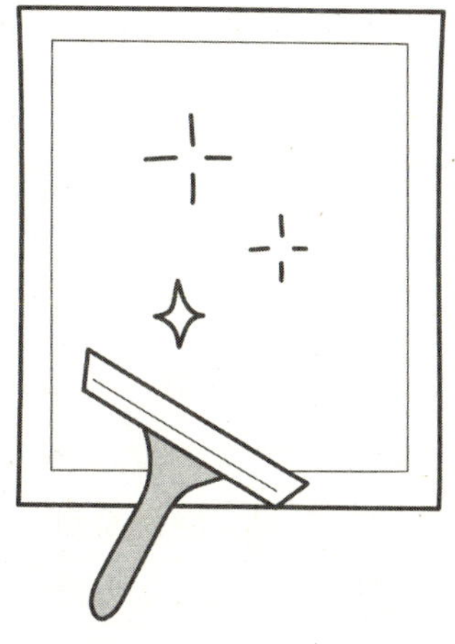

Algunos de los remedios que encontrarás en las siguientes páginas, como las increíbles propiedades del fijador de pelo, los descubrí durante aquellas semanas de encierro forzoso. Otros, como los efectos del agua oxigenada contra el mal olor, me los pasaron mis seguidoras, que son la cosa más bonita del mundo.

Tengo la suerte de tener una comunidad que es un espacio de intercambio y buen rollo increíble, libre de *trolls,* algo por lo que doy las gracias todos los días.

Durante los últimos dos años he podido confirmar que mi intuición era cierta: el orden y la limpieza en el hogar contribuyen de forma muy positiva a la paz mental.

Aunque no vayas a pensar que ahora mi casa es un lugar pulcro, aséptico, despejado e impersonal. Ni mucho menos. **En mi casa siguen viviendo nueve personas y tenerla impecable continúa siendo una quimera.** Pero es que tampoco es eso lo que quiero.

Para mí **lo importante es que ahora mi casa es un lugar donde me siento a gusto,** un lugar lleno de vida, con sus zonas de caos, como es natural, pero agradable. Un lugar en el que cada cosa tiene su sitio y donde, por fin, siempre encuentro las llaves antes de salir de casa.

Y es que limpiar es algo que todos y todas tenemos que hacer a diario. Nos puede gustar más o menos, pero es lo que hay. Y para hacerlo en el menor tiempo posible y con los mejores resultados, las personas siempre hemos intercambiado trucos y métodos infalibles.

Y esa es mi intención, tanto desde mi cuenta de Instagram como con este libro. **Recopilar todo lo que he aprendido en estos años de crisis, aprendizaje y descubrimientos, y transmitírtelo de la forma más directa y práctica posible para ahorrarte tiempo, hacerte la vida más fácil y conseguir que disfrutes de un hogar y un entorno más agradables.**

¡Espero conseguirlo!

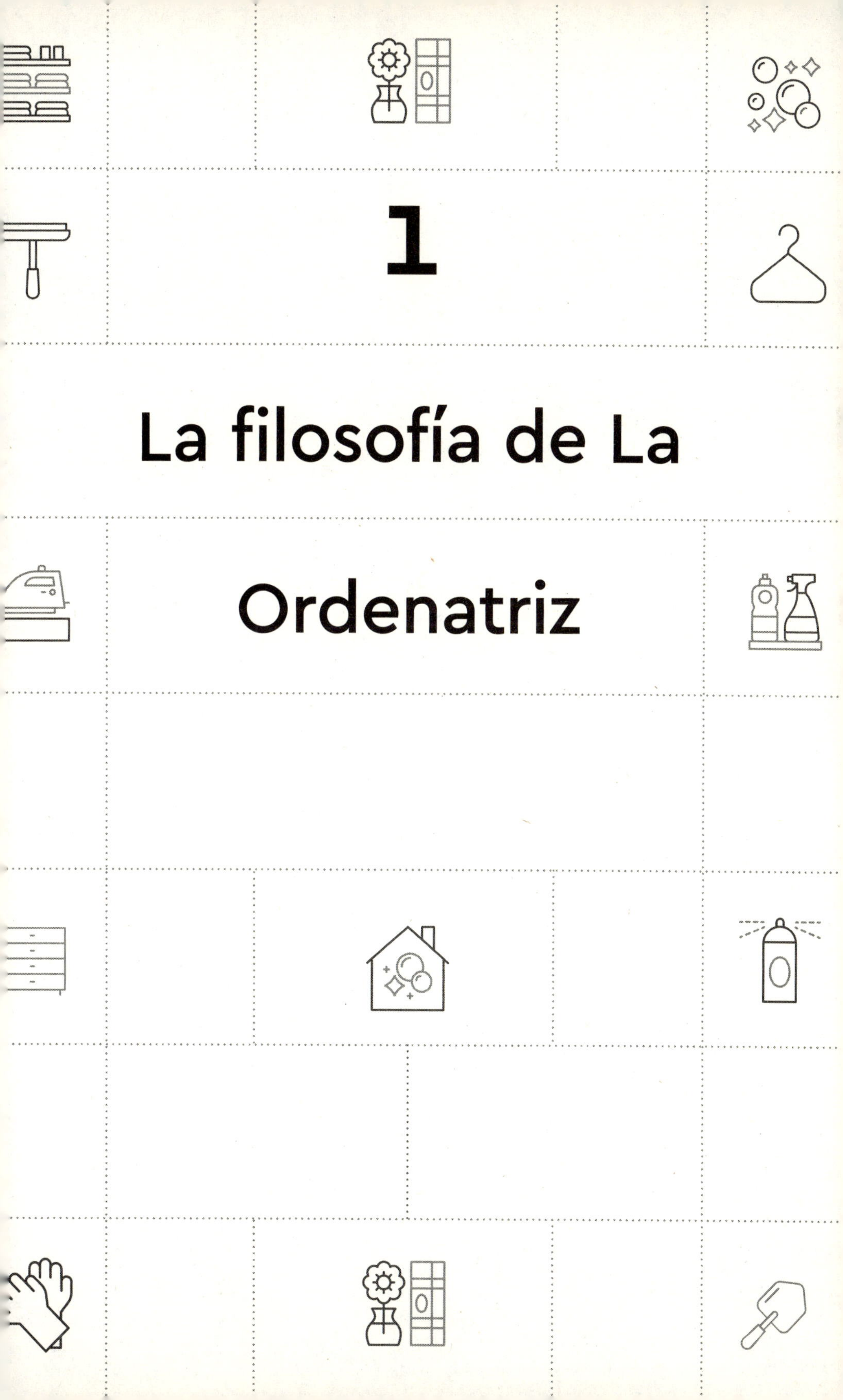

1

La filosofía de La Ordenatriz

¡Que no te asuste el título de este capítulo! Te aseguro que no me voy a poner metafísica ni nada por el estilo; al contrario, todo lo que viene a continuación es de lo más terrenal.

Pero es que con el tiempo **he entendido que tanto la limpieza como el orden (como todo en esta vida) tienen una parte de teoría que vale la pena conocer,** porque nos ayudará a entender los procesos que estamos llevando a cabo y saber por qué hacemos lo que hacemos cuando nos ponemos a limpiar o a ordenar.

Entender los procesos ahorra tiempo, disgustos y frustraciones, y nos ayuda a descubrir ese placer que proporcionan las cosas bien hechas.

Así pues, ¡comenzamos!

1

Nuestra herramienta más preciada es la paciencia

Vivimos en un mundo de inmediatez en el que lo queremos todo ya, ahora mismo. No nos gusta esperar. Pero **tanto el orden como la limpieza tienen sus ritmos,** que no podemos acelerar. Lo que ha tardado mucho tiempo en desordenarse o ensuciarse no se puede cambiar por arte de magia en cuestión de minutos. Por eso, que una mancha no te salga a la primera o que te esté costando acabar de ordenar el clóset no significa que lo estés haciendo mal, solo que, seguramente, necesitas más tiempo.

Y, sobre todo, **no intentes hacerlo todo en un día,** porque te agotarás y, además, no lo harás bien. Piensa en la mejora de tu hogar como en un proceso acumulativo que lleva su tiempo. Sin prisa, pero sin pausa.

2

Si una mancha no sale a la primera, repite el proceso

Esto está muy relacionado con lo que te acabo de decir. A veces, al sacar una prenda de la lavadora verás que la mancha que querías quitar sigue ahí muerta de risa y te dará una rabia increíble, te lo aseguro. Pero, si te fijas, seguramente verás que ya no está como al principio, que se ha desvanecido un poco.

Si vuelves a lavar la prenda aplicando el mismo remedio, la mayoría de las veces saldrá; otras tendrás que repetir más veces. Por supuesto, habrá cosas que no tendrán solución, pero **no te rindas a la primera.**

3
Valora el costo y los riesgos de la solución

Creo que esto se explica mejor mediante ejemplos. Vamos a ver: imagina que tienes una bolsa de piel carísima sobre la que cayó una salpicadura de grasa muy pequeña, casi imperceptible. ¿Vale la pena que intentes quitarla, aun a riesgo de dañar la bolsa sin remedio? Seguramente no.

Otro: ¿qué es más caro, todo el jabón, la electricidad y el alcohol que gastarás en limpiar una enorme mancha de tinta en una playera que te costó diez euros o comprarte una nueva? Aquí seguramente la respuesta dependerá del cariño que le tengas a la prenda, de si tiene algún valor inmaterial que haya que tener en cuenta.

El último: ¿seguro que quieres ponerte a arreglar la suela de esos zapatos con pegamento líquido sobre la mesa de madera buena de la abuela? ¿Qué pasa si se estropea?

Riesgo y beneficio, no hay más. A veces, te compensará probar un remedio extremo porque la otra opción es tirar la prenda; otras, después de valorarlo, preferirás poner un broche sobre esa manchita en la solapa de tu chaqueta preferida, que, además, te costó carísima. Hagas lo que hagas, y para evitar disgustos, **dedica un momento a pensar las cosas antes de hacerlas.**

4
Elige tus batallas

La casa y sus tareas son infinitas, créeme. Aunque les dedicaras todas las horas no acabarías y, por supuesto, ni tú ni yo tenemos tanto tiempo, así que, **cuando te pongas a limpiar u ordenar, empieza siempre por la zona que te incomode o te moleste más,** porque centrar ahí tu atención y tus esfuerzos tendrá un efecto inmediato sobre tu bienestar y te motivará a seguir progresando.

Por ejemplo, a mí me pone muy nerviosa llegar a casa y ver el vestíbulo desordenado y lleno de cachivaches, así que cada día dedico unos minutos a ordenarlo. Así, lo último que veo antes de salir y lo primero que me encuentro al entrar en casa es una zona despejada y ordenada. Y eso me da paz. A lo mejor a ti te da flojera desarrollar tu *hobby* favorito porque no tienes ninguna superficie despejada donde ponerte; pues empieza por ahí. O quizá es el cajón de la ropa interior lo que te hunde cada mañana al abrirlo y no encontrar nada; pues ahí lo tienes.

5
No te juzgues

Céntrate en la solución y no en el problema. Cuando veas tu casa no pienses: «Mira cómo está todo, soy un desastre». Háblate bien, con cariño y compasión, sé comprensivo. ¿Serías así de duro con un amigo? Lo importante no es cómo has llegado hasta ahí, sino haber asumido que hay un problema y empezar a ponerle solución.

6
Aprovecha el tiempo que tengas

Seguramente te cueste encontrar cuatro horas seguidas para ponerte a limpiar u ordenar un espacio; no pasa nada. Ponte un temporizador con el tiempo de que dispongas, por ejemplo, quince minutos, y dedica ese tiempo, sin distracciones, a hacer lo que hayas decidido. Además, a lo largo del libro te contaré muchas soluciones de limpieza que necesitan muchas horas para actuar. La ventaja de esto es que tú no tienes que hacer nada durante ese tiempo, solo esperar.

7
Si no lo usas, deshazte de ello

Al ordenar, piensa en la última vez que usaste lo que tienes en la mano y, si hace más de un año, valora seriamente sacarlo de tu casa y de tu vida, ya sea vendiéndolo, donándolo o regalándoselo a esa amiga que sabes que le sacará provecho.

Cuando voy a ordenar casas ajenas, mis clientes se quejan a menudo de que no tienen espacio, pero la mayoría de las veces lo que pasa es que tienen demasiadas cosas.

Desprendernos de lo que no usamos puede ser complicado porque, a menudo, nos obliga a despedirnos de una persona que ya no somos, por ejemplo, la persona que hacía repostería o la que cabía dentro de esos pantalones tan bonitos.

Decir adiós a esas cosas puede resultarnos difícil, pero también es muy satisfactorio, porque nos permite evolucionar en el ámbito personal y recuperar espacio en nuestro hogar.

¿Y qué pasa si de repente, dentro de unos años, quieres recuperar la pasión por la repostería o vuelves a tener esa talla de pantalón? Pues te puedes volver a comprar lo que necesites sin ningún problema. Te aseguro que el costo del metro cuadrado que necesitas para almacenarlos es superior al valor de esos pantalones.

8
Para ordenar, primero hay que desordenar

Por ejemplo, para ordenar un clóset, antes tendrás que vaciarlo entero, lo que generará mucho caos durante el tiempo que estés llevando a cabo la tarea. **Ver todo junto nos permite ser más conscientes de la cantidad de cosas que tenemos.** Esto, a veces, nos hace renunciar, porque nos da ansiedad pensar en ese «desorden» intermedio, pero, en realidad, no pasa nada, ya que es algo temporal y, aunque impresione, al final vale la pena, créeme.

9
Busca un sitio para cada cosa

Ordenar no consiste en amontonar o esconder los objetos, sino en buscarles su sitio. Esto nos facilitará tanto encontrarlos cuando los necesitemos como volver a guardarlos una vez usados, sin tener que pararnos a pensar dónde los vimos o dónde los dejamos la última vez.

Reúne por tipos de objetos y por lógica de uso: papelería, documentación importante, *hobbies*, etc.

10
No abarrotes los espacios

Hay zonas de la casa que precisan superficies y espacios libres para poder cumplir con su función, y hay que tener eso en cuenta a la hora de organizarlas. Estoy pensando en la barra de la cocina o en la mesa del comedor, que deben estar libres para poder cocinar y comer.

A lo mejor últimamente te cuesta cocinar porque no tienes dónde ponerte a hacerlo. O tal vez les esté costando comer en familia porque la mesa del comedor siempre está llena de cachivaches y les da flojera vaciarla cada vez. Plantéate este tipo de cuestiones y busca la solución de orden que mejor se adapte a tus necesidades.

11
Las manchas están «vivas»

¿Qué quiero decir con esto? Que se mueven y se «aflojan». A veces hay manchas de grasa que se desplazan durante el lavado en lavadora y reaparecen más leves en un punto distinto de la prenda de ese en el que estaban cuando las metimos. Otras se desprenden un poco, pero siguen ahí y hay que insistir. **Observa las manchas y entiende su funcionamiento.** En el libro hablaremos de esto y te daré soluciones y trucos para estas situaciones.

12
Cada mancha tiene su remedio

No existe el limpiador universal que sirva para todo. Es una lástima, pero no es lo mismo la grasa que la tinta, el polvo que el lodo, un olor que una quemadura. Tampoco todos los materiales son iguales: no se limpia igual el cristal que el mármol, la madera que los azulejos. **Antes de lanzarte a quitar una mancha, detente un momento a pensar de qué es y sobre qué está,** y busca la solución adecuada en cada caso.

13
Si hablamos de manchas, en general, la rapidez es clave

Salvo en contadas excepciones (de las que hablaremos), donde lo mejor es dejar reposar la mancha para poder quitarla, actuar al momento siempre es mejor que esperar.

14
Antes de lanzarte, pruébalo

Antes de aplicar un producto o una herramienta sobre un material o superficie, **haz siempre una prueba en un**

lugar discreto u oculto para comprobar que no dañas el color ni el acabado. Esta prueba tiene que ser real. Es decir, si sabes que vas a tener que dejar el producto doce horas para que actúe, la prueba tiene que ser de doce horas. Tal vez una playera de color oscuro tolere la aplicación de agua oxigenada durante cinco o diez minutos, pero no durante media hora. Hay que ser meticulosos y tener paciencia.

15
No hay nada más respetuoso con el medio ambiente que reutilizar

Los productos de limpieza naturales son más ecológicos y yo intento usarlos siempre como primera opción. Sin embargo, no hay que olvidar que, **en última instancia, lo más ecológico es «salvar» la prenda o el objeto que estamos limpiando.** Reutilizar en lugar de sustituir.

Por eso, cuando es necesario, utilizo productos más abrasivos o contaminantes. Porque, al final, ¿qué es más respetuoso con el medio ambiente, usar un poco de fijador para el pelo o tirar el sofá y cambiarlo por otro?

16
No existen las soluciones únicas

Cada mancha tiene distintos métodos de eliminación y si tú tienes un truco que te funciona, ¡no dejes de usarlo! Este libro está pensado para ayudarte cuando lo que tú hagas de forma habitual no te haya funcionado, pero mis propuestas no son mejores ni peores que las tuyas, las de tu madre o las de tus amigas; solo son las mías. Quédate con lo que te sirva e ignora el resto.

17
Usa la creatividad

Muchos de los remedios que te voy a contar se me han ocurrido a fuerza de observar y conocer las propiedades de los materiales. **Sigue tu intuición y haz pruebas.** ¡Limpiar también puede ser una actividad divertida y creativa!

2

El clóset de la limpieza

Hoy en día el mercado nos ofrece un número casi infinito de productos y utensilios que prometen facilitarnos la limpieza, tantos que a veces no sabemos ni por dónde empezar a llenar nuestro clóset de la limpieza.

Por eso, para ayudarte, elaboré una lista de lo que no falta nunca en mi casa, que es justo lo que usaremos a lo largo del libro. Mi idea es explicar un poco cuáles son las características y propiedades de cada producto, de manera que la sección te sirva también como guía rápida cuando te caiga una mancha que no hayamos mencionado específicamente (aunque prometo ser lo más exhaustiva posible, mi cuenta de Instagram me ha enseñado que siempre hay nuevas formas de mancharse).

Como verás, a mí **me gusta apostar, en la medida de lo posible, por los productos menos agresivos y más naturales.** Esto lo hago, sobre todo, por dos motivos: el primero porque, al ser menos abrasivos, protegen los materiales y evitan daños en los objetos o estancias que estés limpiando, y el segundo porque son más ecológicos y menos tóxicos en general. Sin embargo, tampoco evito el uso de productos como el amoniaco, el fijador o el cloro cuando son necesarios u ofrecen ventajas claras sobre otros productos. Como ya hemos comentado, se trata de valorar costo, riesgo y beneficio, y optar por lo que más nos convenga o nos convenza en cada momento.

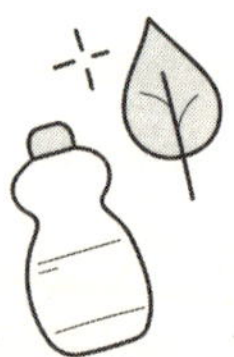

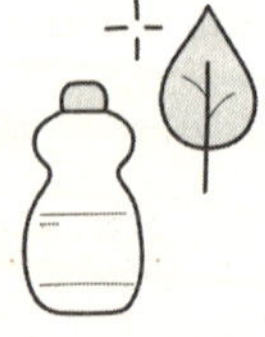

Productos de limpieza

Fórmula mágica

Propiedades: Limpiador y desengrasante.

Ventajas: Funciona prácticamente en seco.

Inconvenientes: Deja cerco.

Aunque soy consciente de que mi cuenta de Instagram ha contribuido de forma considerable a su popularización, tengo que reconocer que la Fórmula mágica no es un invento mío, sino que llegó a mis manos a través de una amiga, que la vio en el Instagram privado de una chica andaluza.

Por supuesto, me puse en contacto con ella y le pedí autorización para probar su fórmula y publicarla. Generosamente, me concedió ese permiso y, después de aquello, no he vuelto a saber de ella. Si, por casualidad, estás leyendo estas líneas, quiero que sepas que tienes todo mi cariño y gratitud.

Así, la Fórmula mágica es un poco como la receta del pastel de la abuela: como funciona, ha ido pasando de mano en mano para hacernos la vida más fácil. Después de mucho tiempo usándola e investigando, fui perfeccionando la receta original para adaptarla a diversos usos.

Así es como se hace:

- 500 ml de agua caliente
- 2 cucharaditas (de las de postre) rasas de jabón en escamas que contenga glicerina
- 70 ml de amoniaco
- 1 botella con atomizador

Notas:

- Si en lugar de jabón en escamas comercial vas a usar jabón casero rallado (del que se hace en los pueblos), basta con una sola cucharadita.
- Si tienes alergia al amoniaco o te resulta imposible acceder a él, puedes sustituir 100 ml de agua por 150 ml de vinagre de limpieza.

Pon los ingredientes en una botella con pulverizador y agítalo todo bien hasta que el jabón se disuelva y obtengas una textura gelatinosa. El resultado tiene que ser más denso que el agua, pero en ningún caso espeso, porque tiene que poder salir por el pulverizador sin esfuerzo.

La Fórmula mágica **es un potente desengrasante** muy útil sobre superficies u objetos que no se pueden lavar, como tapicerías o zapatos, o tejidos delicados, como la seda. Ahora bien, como la mezcla contiene jabón, debes tener en cuenta que siempre deja un cerco, por lo que **es imprescindible limpiar con una franela de microfibra mojada en agua para eliminarlo.** Por eso no es recomendable aplicar Fórmula mágica en superficies extensas, porque limpiar con franela supone un esfuerzo excesivo que no compensa.

Es muy importante ser conscientes de que, a pesar de su nombre pegajoso, la Fórmula mágica no sirve para todo ni tiene superpoderes. Es un producto más de los que tenemos a nuestra disposición, que sirve sobre todo para eliminar grasa (que no es poco). Recuerda lo que dijimos cuando hablábamos de filosofía de la limpieza: cada mancha tiene su remedio.

Fijador de pelo

Propiedades: Desincrustante.
Ventajas: Su acción es rápida y funciona en la mayoría de las superficies.
Inconvenientes: Es un producto muy agresivo que puede dañar los materiales si no se limpia de forma adecuada.

Muchísimas personas se sorprenden al descubrir que el fijador es un potente desincrustante, posiblemente uno de los mejores que hay. Yo también me sorprendí, la verdad. La idea de ponerme a echar fijador sobre todo tipo de manchas se me ocurrió a raíz de ver el uso que se le da en las peluquerías. Allí, si una peluquera te mancha sin querer la camisa con un poquito de tinte, te rocían la mancha con un poco de fijador y te dicen que laves la prenda al llegar a casa. En mi experiencia con este tipo de manchas, el tinte sale a veces sí y a veces no.

El caso es que la idea de que el fijador podía eliminar el tinte me llevó a probar su eficacia primero con otros tipos de pintura y más tarde con otro tipo de manchas como, por ejemplo, de pegamento o chicle. A lo largo del libro verás numerosos ejemplos de aplicaciones de fijador sobre todo tipo de manchas y superficies y, si lo pruebas, te garantizo que los resultados te sorprenderán.

Eso sí, es importante que nunca olvides que **toda esa potencia que tiene el fijador para desincrustar la mancha en cuestión sigue actuando si no limpias el producto.** Por eso, una vez eliminada la mancha, siempre, siempre, SIEMPRE tienes que pasar una franela con agua y frotar bien para llevarte cualquier resto de fijador; en su defecto, puedes meter la prenda en la lavadora y encenderla de inmediato. Nunca insistiré bastante en lo importante que es esto: **el fijador hay que limpiarlo siempre con agua.** De verdad que no me gustaría que sufrieras ningún accidente con una prenda u objeto por el que sientas mucho apego.

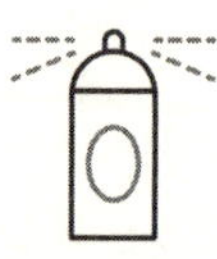

Insecticida

Propiedades: Desincrustante.

Ventajas: Su acción es rápida y funciona en la mayoría de las superficies. Es más potente que el fijador.

Inconvenientes: Es un producto agresivo que puede dañar los materiales si no se limpia de forma adecuada. ¡Ojo! Puede ser perjudicial para tu salud, así que, cuando lo uses, ponte siempre cubrebocas.

El descubrimiento de que el insecticida es un muy buen desincrustante fue culpa del confinamiento. Durante esas semanas, una seguidora de Instagram me escribió para pedirme consejo sobre cómo acabar con una mancha de tinte pegajosa que tenía muy mal aspecto. Yo enseguida le recomendé el fijador, pero ella me respondió que no tenía, pero insecticida sí. Con las limitaciones para salir de casa y teniendo en cuenta que, si la mancha no salía, aquella prenda acabaría de todos modos en la basura, le dije que probara. Y funcionó.

No sé exactamente por qué funciona, pero lo hace. Mi teoría es que el hecho de ser un aerosol influye en la eficacia y, por supuesto, algún elemento de su composición. Sin embargo, yo solo lo uso como ultimísimo recurso por dos motivos: el primero es que resulta mucho más agresivo que el fijador y puede dañar el color o el acabado de las superficies y los tejidos; el segundo, que, a diferencia del fijador, no es hidrosoluble, por lo que no basta limpiarlo con agua, hay que hacerlo siempre con agua y jabón, que, después, hay que limpiar muy bien solo con agua para eliminar el cerco, por lo que el proceso se alarga y se complica. Además, los insecticidas huelen muy fuerte, así que es preciso lavar sí o sí más de una vez las prendas donde lo hayamos aplicado.

Vinagre

Propiedades: Desengrasante, antical y antiolor. Acción suavizante sobre los tejidos.
Ventajas: Es un producto no tóxico, ecológico y barato.
Inconvenientes: Es un ácido, así que no se puede usar en determinadas superficies.

En el mercado encontramos vinagres de dos tipos: para consumo humano y de limpieza. En el primer grupo hay muchísimos tipos: de vino (blanco y tinto), de jerez, de manzana, etc. Para las ensaladas elige el que más te guste, pero, si hablamos de limpieza, opta siempre por los vinagres de tonos más claros, como el de vino blanco o el de manzana. En cuanto al vinagre de limpieza, siempre es transparente y es muy fácil de encontrar en los supermercados.

Uses el vinagre que uses, todos son igual de eficaces y totalmente intercambiables, aunque yo prefiero usar vinagre alimenticio para limpiar la cocina, ya que todo lo que toque va a acabar involucrado en la elaboración de comidas, y reservo el de limpieza para el resto de la casa.

Los usos del vinagre son casi ilimitados; solo o en combinación con otros productos sirve para desincrustar grasa, eliminar sarro, luchar contra malos olores y un largo etcétera. A lo largo del libro verás que el vinagre es uno de los elementos más presentes, así que mi recomendación es que tengas siempre un par de botellas en casa.

Vinagre y bicarbonato

Propiedades: Desengrasante suave y desincrustante.
Ventajas: Es un producto natural, ecológico y barato.
Inconvenientes: Necesita mucho tiempo para actuar.

Seguramente habrás visto esta combinación de elementos en muchos blogs o revistas sobre limpieza ecológica y productos naturales. Yo, al menos, sí la había visto, y las veces que la probé me pareció una tomadura de pelo. No funcionaba. Hasta que un día, también durante el confinamiento, di con la clave: el tiempo.

La mezcla de vinagre y bicarbonato, es decir, de un ácido y una base, desencadena una reacción química que tiene un potente efecto desincrustante y ligeramente desengrasante que, además, combate el mal olor. **El truco es darle tiempo.** Un tiempo que, dependiendo de la mancha y del material, puede oscilar entre los treinta minutos y las veinticuatro horas.

Sí, ya te dije que la paciencia es fundamental tanto para la limpieza como para el orden, pero la ventaja de esta combinación en concreto es que, una vez que actúa, te quita muchísimo trabajo. Lo más sorprendente la primera vez que lo pruebas es lo poco que tienes que frotar después para acabar de dejar la superficie limpia.

A lo largo del libro veremos distintas aplicaciones: en pasta (mucho bicarbonato y poco vinagre) y en disolución (mucho vinagre y poco bicarbonato).

Es importante que tengas en cuenta que **no se puede aplicar sobre madera,** porque el vinagre penetra en ella y la humedece, ni sobre mármol, porque el ácido lo estropearía.

Además, ten en cuenta que la mezcla se debe preparar en el momento y **no se puede envasar,** porque podría hacer estallar el envase.

Bicarbonato y agua oxigenada

Propiedades: Blanqueante y desinfectante.
Ventajas: Es un producto natural, ecológico y barato.
Inconvenientes: Puede dañar el color del tejido o el material sobre el que lo apliques.

Existen muchos tipos de agua oxigenada, pero la de uso doméstico, que es la que vamos a usar en este libro y la que se encuentra en los supermercados y las farmacias, es la de 10, 20 o 30 volúmenes. En España, el máximo permitido es el de 40 volúmenes, en crema, que es la que se usa en peluquerías.

Sus dos propiedades más destacadas son su capacidad para combatir bacterias (no virus; por eso no servía para desinfectar durante la pandemia de coronavirus) y blanquear. Esta segunda propiedad se acentúa en presencia de bicarbonato.

Usaremos esta mezcla casi siempre en forma de pasta, con mayor o menor proporción de líquido en función del material o el tejido que estemos tratando.

Es muy importante que no pongamos al sol materiales que estemos limpiando con agua oxigenada, ya que el contacto con la luz solar hace que amarillee.

Agua oxigenada

Propiedades: Desodorizante.

Ventajas: Absorbe el mal olor, no lo sustituye ni lo camufla.

Inconvenientes: Necesita tiempo para actuar.

El agua oxigenada sola, ya que si se combina con otros ingredientes pierde esta propiedad, es un absorbe olores muy potente.

Esto me lo descubrió una seguidora de Instagram, que me contó que su marido, transportista de pescado, la usaba para limpiar su camión.

En general, basta con empapar un trapo en agua oxigenada, apoyarlo en un plato y dejarlo cerca del lugar donde se ha impregnado el mal olor, ya sea este el interior del refrigerador o el congelador, la cajuela del coche o el sofá donde se hizo pis nuestra mascota.

En cuestión de doce a veinticuatro horas, el olor habrá desaparecido.

Borrador mágico

Propiedades: Elimina marcas y manchas en superficies duras.
Ventajas: Es barato y fácil de usar.
Inconvenientes: Puede llegar a rayar o dañar las superficies.

El borrador mágico es uno de esos productos que encontramos en los supermercados por poco dinero, pero que resulta superútil en circunstancias concretas.

Se trata de una espuma de melamina que, al mojarla, tiene una interesante capacidad abrasiva, que unifica el tono de superficies duras para hacer desaparecer todo tipo de marcas y rayaduras.

Es ideal sobre paredes pintadas con pintura plástica, cristal, azulejos, electrodomésticos metálicos y PVC. En superficies más blandas te recomiendo que pruebes en un rincón o zona poco visible antes de lanzarte a usarlo, ya que puedes rallar el material irremediablemente.

Piedra blanca

Propiedades: Elimina marcas y manchas en superficies duras.
Ventajas: Es barata, ecológica y fácil de usar.
Inconvenientes: Puede llegar a rayar o dañar las superficies.

La piedra blanca tiene aplicaciones y propiedades muy similares a las del borrador mágico, pero, al ser básicamente una arcilla, resulta menos abrasiva que este. Por eso se puede aplicar también, después de probar en una esquina o zona escondida, sobre superficies algo más blandas, como carcasas de plástico. También se puede usar en mármol, piedras porosas y aluminio, que son materiales sensibles y algo más frágiles. Resulta muy eficaz para limpiar cristales, sobre todo las mamparas de baño, en las que se puede acumular mucho sarro.

En el mercado encontrarás muchas marcas que fabrican este producto, pero yo recomiendo La Fantástica Piedra Blanca, que es un poquito más cara pero también es la que mejores resultados me ha dado. He probado muchas, pero por ahora, esta es la única que yo uso.

Su uso es muy sencillo (y se explica en el envase): basta con extender, dejar secar y retirar con la esponja que incluye, aunque, si hace falta, también puedes hacerlo con un estropajo.

Limón

Propiedades: Antical y ambientador.

Ventajas: Es barato, ecológico y fácil de usar.

Inconvenientes: Es un ácido.

El limón es una fruta muy versátil y fácil de conseguir durante todo el año, que te puede sacar de más de un aprieto si hablamos de manchas. Su acción antical suave es muy útil a la hora de limpiar materiales delicados en el baño y su aroma cítrico evita el uso de ambientadores, por ejemplo, en el jabón lavatrastes.

Si la superficie que vas a limpiar es muy grande, quizá prefieras comprarlo ya exprimido (se encuentra con facilidad en los supermercados como condimento) o en polvo, en forma de ácido cítrico.

Limón y sal

Propiedades: Elimina el óxido.

Ventajas: Es una combinación barata, ecológica y fácil de usar.

Inconvenientes: Puede dañar algunas superficies.

Esta sencilla combinación de ingredientes, que bien se pueden usar para aliñar una ensalada, es infalible contra las manchas de óxido, tanto en tejidos (manchas de contacto) como en superficies (un tornillo oxidado, por ejemplo).

También es muy eficaz contra las manchas de desinfectantes médicos con yodo y otros medicamentos que se oscurecen en contacto con el aire (es decir, sustancias que se oxidan).

Su acción se multiplica en presencia de luz solar.

Percarbonato

Propiedades: Blanqueante.

Ventajas: Es barato y puede usarse sobre tejidos claros sin que dañe el color.

Inconvenientes: Puede llegar a estropear colores oscuros.

El percarbonato es similar al agua oxigenada, pero se presenta en forma de polvo y se disuelve en agua.

Es eficaz sobre todo para eliminar todo tipo de manchas en tejidos y superficies blancos o de colores claros. También puede usarse, a veces, sobre colores oscuros, pero en este caso hay que extremar las precauciones y probar siempre en una zona que no se vea.

Bicarbonato

Propiedades: Desodorizante.
Ventajas: Es barato y no daña los tejidos.
Inconvenientes: Necesita mucho tiempo para actuar.

El bicarbonato solo y en seco es un potente desodorizante que funciona muy bien en tejidos que tienen que lavarse en seco. Su único inconveniente es que necesita mucho tiempo para actuar, en general, una semana. Pero, como ya dijimos, la paciencia es nuestra gran aliada.

Talco

Propiedades: Desengrasante.
Ventajas: Es barato y no daña los tejidos.
Inconvenientes: Necesita mucho tiempo para actuar.

La capacidad absorbente del talco es una de esas cosas que no crees hasta que las ves en vivo. Eso sí, aquí la paciencia es más que imprescindible, ya que, en general, necesita horas o días para actuar. Ahora bien, lo hace con todo tipo de manchas de grasa, tanto recientes como antiguas, y en la práctica totalidad de los tejidos y las superficies porosas o delicadas.

Cloro

Propiedades: Desinfectante.

Ventajas: Es muy eficaz contra el moho.

Inconvenientes: Es muy tóxica y amarillea las superficies.

A diferencia de lo que cree mucha gente, el cloro no es un producto blanqueante, sino abrasivo, por lo que, a la larga, acaba amarilleando los tejidos y superficies con los que entra en contacto, ya sea algodón, azulejos o lacados. Por eso, yo intento evitarlo en la medida de lo posible y lo reservo para un uso en el que no tiene competencia: la eliminación de moho, gracias a su capacidad desinfectante.

El cloro es un producto muy tóxico que hay que manejar con precaución. Es importante usar guantes de goma y lentes de plástico de seguridad para evitar salpicaduras en los ojos. Nunca calientes el cloro ni lo mezcles con ningún otro producto, en especial amoniaco, ya que puede provocar reacciones químicas peligrosas que generan humos tóxicos.

En general, el cloro solo se reduce con agua fría, aunque también es seguro mezclarlo con jabón en la lavadora.

Por otro lado, debes saber que este producto pierde sus propiedades si lo cambias de envase. Es decir, si llenas un atomizador con cloro, este solo estará en buenas condiciones unos pocos días antes de perder su capacidad desinfectante. Este hecho, sumado al peligro que supone tener cloro en una botella no etiquetada, porque podría conducir a una ingesta o mezcla accidental, hace que no sea nada recomendable guardarla en cualquier recipiente que no sea su botella original.

Alcohol

Propiedades: Disolvente.

Ventajas: Es el disolvente más suave a nuestro alcance.

Inconvenientes: Puede llegar a dañar el color y no puede usarse en materiales delicados como el mármol, el lino o la seda.

El alcohol, además de un potente desinfectante contra los virus, como aprendimos en la reciente pandemia, también es un disolvente suave que elimina bien, en general, las manchas de tinta y plumón, sobre todo si actuamos al momento.

La acetona y el aguarrás son dos disolventes más potentes y eficaces, pero también son mucho más peligrosos porque pueden dañar colores, tejidos, barnices y demás.

Jabón potásico

Propiedades: Plaguicida.

Ventajas: Es muy eficaz para eliminar hongos en plantas domésticas.

Inconvenientes: No se puede dejar reposar sobre manchas de tela.

El jabón potásico es un jabón *como los de antes,* es decir, que su composición es parecida a la del jabón artesanal que se hacía en los pueblos, a base de aceites y otros componentes naturales. Su rasgo más interesante al margen de la limpieza es su capacidad de neutralizar las plagas de hongos de las plantas domésticas.

Jabón en escamas o en barra

Propiedades: Limpiador y desengrasante.

Ventajas: Es barato, accesible y muy poco tóxico.

Inconvenientes: Como es muy concentrado, hay que enjuagar bien porque, de lo contrario, se puede quedar pegado a la ropa.

Además de formar parte de la Fórmula mágica, usamos el jabón en escamas en remojos largos para «aflojar» manchas, y las barras para frotar manchas de grasa, que podemos tratar con él en el momento o como alternativa al talco.

Amoniaco

Propiedades: Desengrasante.

Ventajas: Es muy eficaz y seguro si se usa correctamente.

Inconvenientes: Es difícil de encontrar fuera de España.

El amoniaco tiene mala prensa y muchas personas prefieren no utilizarlo porque no les inspira confianza.

En mi experiencia, se trata de un producto barato (y, a menos que tengas alguna intolerancia o alergia, es seguro) que, en algunos casos, es la solución más rápida y eficaz, además de formar parte de nuestra querida Fórmula mágica. Sin embargo, a lo largo del libro presentaré siempre alternativas a su uso porque soy consciente de que fuera de España es un producto que no se encuentra con facilidad en el mercado.

Uno de los mitos más extendidos sobre el amoniaco es que destiñe; no es cierto, se puede usar en tejidos de color con tranquilidad.

Utensilios de limpieza

Franelas de microfibra

Las franelas de microfibra son una maravilla tecnológica muy infravalorada, seguramente porque hay muchas personas que no conocen sus propiedades ni saben cómo usarlas. Pero te lo cuento yo.

La microfibra, cuya composición habitual es 80 % poliéster y 20 % poliamida, es un tejido con una gran capacidad electrostática. ¿Qué significa eso? Pues básicamente que es capaz de captar y llevarse la suciedad de otra superficie o tejido tanto en seco como ligeramente humedecida.

Así, las franelas de microfibra sirven tanto para limpiar el polvo (ya que, en lugar de moverlo de sitio, lo atrapan) como para llevarse una mancha de grasa o café de una corbata o una blusa si actuamos al momento con una ligeramente humedecida que esté nueva o bien cuidada.

Otra característica muy interesante es su alta capacidad absorbente, ya que estas franelas pueden acumular hasta ocho veces su peso en líquido, que es muchísimo más de lo que soporta una de algodón.

Para cuidar bien nuestras franelas de microfibra y asegurarnos de que no pierden su capacidad electrostática basta con tener en cuenta las siguientes cuestiones:

- Cuando metas las franelas en la lavadora no las mezcles nunca con otros tejidos. Acumúlalas y haz un lavado solo de microfibra.
- Lávalas con un jabón neutro, jabón en barra, jabón casero o lavatrastes neutro, y SIN suavizante.
- No las metas nunca en la secadora; las franelas de microfibra se secan al aire.
- No uses nunca cloro con ellas, ni para lavarlas ni para aplicarla sobre otra superficie. Pierden su capacidad electrostática.
- Sí puedes usarlas con fijador, insecticida o amoniaco, ya que estos productos no afectan a sus propiedades.

Además de franelas, también encontrarás en el mercado trapeadores y mechudos de microfibra, que tienen las mismas propiedades y que te recomiendo tener también en casa. Sobre todo el mechudo, mucho mejor que la escoba para limpiar los suelos, pues evitas ir moviendo el polvo de sitio.

Por otro lado, hay fabricantes de franelas de microfibra especialmente pensadas para su uso sobre cristal, que también son muy útiles y vale la pena tener en cuenta.

Eso sí: por muy bien que las cuides, tus franelas irán perdiendo con el tiempo su capacidad electrostática.

Cuando eso pase, no las tires, ya que las puedes seguir utilizando para absorber líquidos, usarlas con cloro o limpiar cosas que sepas que están tan sucias que después tendrás que tirar el trapo.

Ya lo hemos dicho: antes de tirar, reutilizar.

Hay quien separa las lavadoras de franelas en función de su uso. Yo opino que no es necesario; al fin y al cabo, estamos lavando en lavadora, en un programa largo y con temperatura, por lo que no hay problema en mezclar las franelas del baño con las de la cocina y las de quitar el polvo.

Eso sí, ten cuidado, porque algunas (las más baratas) pueden desteñir.

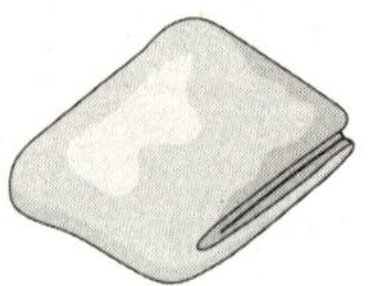

En el mercado encontramos, en general, tres tipos de estropajos en función de su dureza, que tienen distintas aplicaciones:

- **Estropajo azul o suave:** Es el más adecuado para limpiar superficies delicadas que podrían rayarse, como plásticos, cristal e incluso ollas o cacerolas. En general, si tienes dudas sobre un material y necesitas rascar para eliminar alguna mancha, prueba primero con este tipo de estropajo.
- **Estropajo verde:** Es el más habitual y el primero que nos viene a la cabeza cuando pensamos en un estropajo. Se comercializa con esponja (que es algo más suave) o suelto (algo más duro). Es muy eficaz sobre superficies duras como barras de cocina, hornos, cacerolas, azulejos, etc.
- **Estropajo de alambre:** Este tipo de estropajo es el último recurso ante la suciedad incrustada. Hay que ir con mucho cuidado con él, ya que puede rayar las superficies con cierta facilidad. Antes de lanzarte a usarlo, como siempre, pruébalo en una zona no visible.

Los estropajos son un producto barato en el que vale la pena gastar un poquito más. La diferencia de calidad entre los más caros y los más baratos del mercado es notable, mientras que el precio no lo es tanto. Esos céntimos extras valen la pena, ya que los estropajos de calidad suelen durar más y dañar menos las superficies.

Jalador

Un buen jalador, mejor si es metálico y con hojas desechables, aunque también hay de plástico, es nuestro mejor aliado para eliminar suciedad incrustada en superficies duras y lisas, como barras de cocina, vitrocerámicas, cristales, etc. No rayan y duran muchísimo; vale la pena invertir en uno.

Plumero

Los mejores plumeros son los sintéticos, ya que, como las franelas de microfibra, tienen capacidad electroestática. Esto quiere decir que, a diferencia de los de plumas de toda la vida, atrapan el polvo en lugar de moverlo de sitio.

Para que duren mucho tiempo y sigan funcionando, es importante hacer un buen mantenimiento, que básicamente consiste en no mojarlos y en sacudirlos en el exterior para que suelten el polvo y se «carguen». Hacerlo es muy sencillo: basta con ponerlos bocabajo y hacer rodar el palo sobre sí mismo entre las palmas de las manos.

Una buena aspiradora es una gran aliada en la limpieza de suelos, ya que elimina el polvo en lugar de moverlo de sitio. Mi recomendación es que elijas siempre la más potente que te puedas permitir, ya que te servirá también, con el accesorio adecuado, para la limpieza de alfombras, sofás, colchones y tapicerías en general.

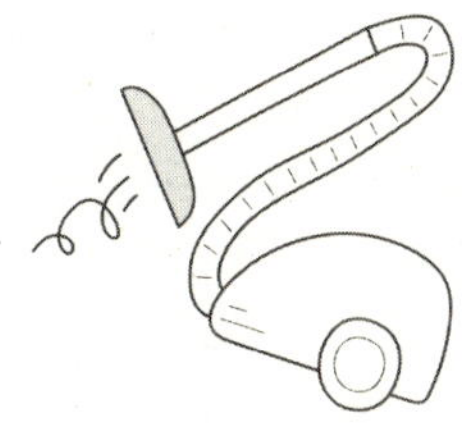

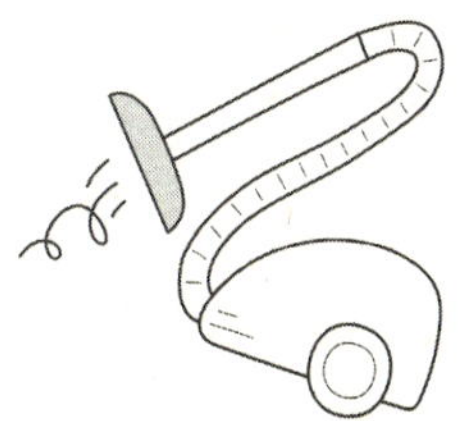

3

Tu casa paso a paso

La cocina

La cocina es uno de los sitios que más y más a menudo se ensucian y, al mismo tiempo, qué paradoja, uno de los que más limpios tienen que estar, ya que es en ella donde manipulamos los alimentos que tomamos todos los días.

Por este motivo, podríamos establecer las siguientes reglas para mantener una cocina reluciente:

- Debemos limpiar a diario los elementos que más usamos (parrilla o quemadores, fregadero, barra, etc.) y devolver a su lugar todo aquello que hayamos empleado en el proceso de cocinar y limpiar; así tendremos la cocina despejada para volver a usarla cuando toque.
- Además, la cocina es una estancia que merece una **limpieza general** semanal que incluya, como mínimo, el suelo, las barras y el exterior de las alacenas y los electrodomésticos.

- Por último, deberíamos planificar una **limpieza a fondo,** como mínimo, dos veces al año (aunque, si son cuatro, que mejor).

El elemento principal al que nos enfrentamos en la cocina es la **grasa.** Se trata de una sustancia que no es soluble en agua, por lo que tendremos que usar siempre un **limpiador antigrasa** y tener muy en cuenta que, como ya explicamos antes, este tipo de manchas «se mueven», por lo que hay que insistir hasta eliminarlas del todo.

Los mejores productos antigrasa son el **amoniaco,** el **jabón lavatrastes neutro** y el **vinagre con bicarbonato.**

EL TRUCO DE BEGO:
EL PERCARBONATO

En el caso de la cocina, cuando quieras blanquear alguna superficie puedes usar también **percarbonato con agua**. Además de limpiar, ¡dejarás la superficie como nueva!

En cuanto al vinagre, en la cocina yo prefiero usar solo vinagre de vino o de manzana. No es que el vinagre de limpieza sea tóxico, pero para las superficies que tienen que tocar comida prefiero, en la medida de lo posible, usar productos de limpieza igualmente «comestibles».

Dicho todo esto, vamos a remangarnos y a arrancar con la limpieza a fondo. Como todo, parece mucho más fácil en cuanto la descomponemos en sus partes: poco a poco, verás que queda impecable. Abordaremos la limpieza de la cocina **de arriba abajo** para ir recogiendo el polvo y la suciedad que vaya cayendo y no tener que limpiar dos veces las mismas cosas.

El techo

No dedicaremos mucho tiempo al techo. Desengañémonos, el humo hará que con el tiempo vaya ensuciándose de forma más o menos uniforme, pero, dado que es una superficie con la que no estamos en contacto, esto no debe preocuparnos. Lo que sí haremos es retirar las telarañas de las esquinas, si es el caso, con un cepillo especial, y poco más.

Un problema aparte son las manchas concretas causadas por algún accidente culinario, por ejemplo, salpicaduras de tomate, salsas o algún líquido que, por motivos diversos, hayan salido disparadas hacia arriba. En esos casos hay que actuar enseguida para evitar que se incrusten.

Nos subimos a una escalera y, con una franela de microfibra limpia y humedecida con agua, frotamos hasta eliminar. Si queda marca, podemos rematar con borrador mágico. Si no tenemos los materiales adecuados en el momento, lo mejor es no tocar nada y esperar a tenerlos, porque, en este caso, puede ser peor el remedio que la enfermedad y acabar con un manchón en el techo mucho más difícil de eliminar.

Las luces

Quizá no se te ha ocurrido, pero vale la pena desmontar y limpiar a fondo la lámpara o los focos de la cocina, al menos una vez al año, porque suelen acumular bastante grasa. Después, basta con frotar cada pieza con un **estropajo suave** y **jabón lavatrastes neutro,** limpiar y secar muy bien.

Ten cuidado al desmontar las piezas, porque las luces de la cocina son las que acostumbran a acumular más insectos muertos (ya sabes, los mosquitos y otros bichos vuelan hacia la luz y muchos acaban atrapados en las lámparas).

Muebles

Los muebles de la cocina están preparados para soportar bien las manchas de grasa, que son las más habituales en esta estancia, y también para no verse afectados por los productos de limpieza necesarios para eliminarlas. Sin embargo, mi recomendación siempre es usar los productos menos abrasivos de entre todos los disponibles, porque son la opción más ecológica y menos agresiva, lo que, en la práctica, alarga la vida de nuestros muebles.

Para una limpieza general, lo mejor es usar un **estropajo suave** y **jabón lavatrastes neutro.** Frotamos bien para eliminar toda la suciedad, enjuagamos con una franela limpia empapada en agua y, por último, secamos con otra franela.

Es muy importante enjuagar a fondo para eliminar los restos de jabón y secar muy bien para que no queden marcas ni se acumule la humedad.

Hacemos esto en todas las superficies de la alacena: puertas, laterales, parte superior e inferior. Si estamos llevando a cabo una limpieza profunda, podemos vaciar la alacena para limpiarla por dentro, sin olvidar las repisas.

EL TRUCO DE BEGO: ¡TORNILLOS OXIDADOS!

Al limpiar las alacenas por dentro, es muy posible que encuentres óxido en los tornillos de las bisagras o en cualquier otro elemento metálico. Que no cunda el pánico. Para eliminarlo, corta un limón por la mitad, pon un poco de sal sobre la pulpa y frota bien sobre el óxido hasta que desaparezca. Si la superficie lo permite, puedes poner la sal, mojar con jugo de limón y dejar actuar unos minutos. Te sorprenderán los resultados.

Si tenemos los muebles muy sucios o nos encontramos con manchas resistentes, podemos aplicar **Fórmula mágica**, ya que el amoniaco es un muy buen desengrasante. Pulverizamos, frotamos con un estropajo suave, enjuagamos con una franela limpia con agua (para eliminar los restos de jabón) y secamos.

Uses el método que uses, recuerda que las manchas que se han ido instalando a lo largo de un periodo largo de tiempo no se eliminan en un momento, sino que necesitan también tiempo para desaparecer. Es posible, y normal, que no te baste con una pasada para eliminarlas. No te desanimes y repite la operación hasta que quede limpio.

¡LOS DEDAZOS!

¡Ay, las marcas de dedos! ¿Por qué los humanos dejamos marcas sobre todas las superficies que tocamos? Muy sencillo, nuestro cuerpo, que es muy sabio, recubre nuestra piel con una finísima capa de lípidos, lo que comúnmente llamaríamos *grasilla*, para protegernos y mantenernos hidratados. Eso está muy bien, pero tiene un lado negativo, y es que allí donde ponemos los dedos dejamos un poquito de esa grasa. Por suerte, eliminarla es muy sencillo: una pasada con una franela de microfibra limpia ligeramente húmeda y sanseacabó.

Muebles lacados

Los muebles lacados, ya sean de acabado mate o brillo, resultan muy atractivos recién instalados, ya que tienen una textura llamativa y elegante. Sin embargo, la experiencia nos dice que ese lacado tiende a amarillear con el paso del tiempo, especialmente si no es de buena calidad. Ese matiz amarillo tiene muy mala solución. Así que mi consejo, si estás pensando en cambiar los muebles de tu cocina (o baño) es que inviertas en muebles y fabricantes que te garanticen la durabilidad del lacado.

—Pero, oye, Bego, yo no sabía esto y puse los muebles lacados sin detenerme a pensar en ello, ¿qué hago?

Sobre todo, no ponernos nerviosas. Para empezar, el mantenimiento general sería el mismo que ya explicamos: jabón para trastes neutro o Fórmula mágica.

¿Qué cuidados especiales podemos añadir?

- **Nunca uses cloro** sobre estos muebles. El cloro, en contra de la creencia popular, no blanquea, sino que decolora, lo que, en la práctica, significa que acaba amarilleando (aún más en este caso) las superficies.
- En algunos casos, aplicar **agua oxigenada** con un trapo de algodón puede ayudar a recuperar el blanco original.
- Una vez al año o cada dos años, de manera totalmente excepcional, puedes limpiar las superficies lacadas con **piedra blanca.** Como ya hemos explicado, la piedra blanca es un abrasivo suave que pule levemente las superficies, lo que devuelve en muchos casos el brillo perdido. Sin embargo, dado que el lacado es una capa fina de barniz, usar sobre él piedra blanca de forma habitual lo acaba dañando de manera irreversible.

Paredes

Mucha gente opta por alicatar las paredes de la cocina de suelo a techo. Esta opción es la más práctica a la hora de limpiar, ya que los azulejos son muy resistentes y se limpian con facilidad. Igual que hicimos con las alacenas: pasamos un **estropajo suave con jabón lavatrastes neutro,** limpiamos con una franela empapada en agua limpia y secamos con otra franela.

Si, por el motivo que sea, has decidido empapelar o pintar las paredes de la cocina, deberás tener un poco más de cuidado, ya que estas superficies son más difíciles de limpiar, en especial si hablamos de manchas de grasa o salpicaduras de salsas (sobre todo las que tienen más color, como el jitomate o el *curry*). En estos casos, es vital actuar lo antes posible.

En primer lugar, cubre la mancha con **talco** o una pasta de talco y agua (para que se pegue bien a la pared) y deja actuar por lo menos dos días para dar tiempo a que absorba bien toda la grasa. Pasado este tiempo, cepilla con un cepillo limpio de cerdas suaves. Si queda algún resto y la superficie es blanca, puedes intentar aplicar una **pasta de percarbonato** con agua y dejar actuar otras doce horas. Si estamos hablando de una pared pintada, también puedes frotar con **borrador mágico.**

Si, aun así, la mancha no sale..., me temo que tendrás que volver a pintar o empapelar la pared.

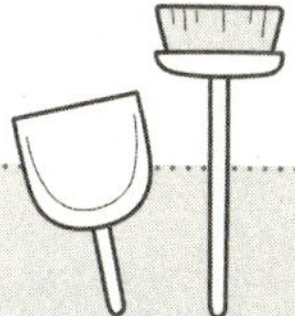

SEGURIDAD ANTE TODO

Como verás a lo largo del libro, no soy partidaria de usar productos industriales especialmente abrasivos, ya que entrañan cierto riesgo a la hora de manipularlos y son más agresivos tanto con los materiales como con el medio ambiente. Sin embargo, en ocasiones no queda más remedio que recurrir a ellos, sobre todo en el caso del cloro o el amoniaco. Cuando lo hagas, ten en cuenta estas sencillas recomendaciones de seguridad:

- **Usa siempre guantes.** La piel de las manos te lo agradecerá.
- **Usa lentes transparentes de seguridad,** sobre todo si vas a usar el producto a la altura de los ojos. Por ejemplo, si estás limpiando una lámpara o la parte superior de una alacena.
- **No mezcles nunca el cloro con ningún otro producto,** en especial amoniaco; puedes generar gases tóxicos muy peligrosos para la salud. En general, no mezcles productos de limpieza agresivos, podría tener efectos perjudiciales e inesperados.
- **Ventila bien el lugar de trabajo** para evitar la acumulación de vapores. Ahora que los tenemos tan a la mano, puedes usar también un cubrebocas para más seguridad.

Antes de usar cualquier producto de limpieza industrial, recuerda leer bien las instrucciones y síguelas a rajatabla.

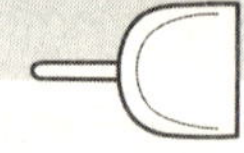

Electrodomésticos

La cocina es la estancia del hogar que alberga más electrodomésticos. En general estos se presentan en dos acabados: blanco o color acero/metálico. En ambos casos la limpieza exterior siempre es la misma: para el **mantenimiento semanal,** basta con limpiar la superficie con una franela de microfibra limpia humedecida con agua. En cambio, si estamos haciendo una **limpieza a fondo,** los limpiaremos como las alacenas: frotamos con un estropajo suave y jabón lavatrastes neutro, enjuagamos con agua y secamos.

PRUEBA SIEMPRE ANTES

Antes de limpiar cualquier superficie con un material más duro que una franela, prueba en una zona que quede oculta a la vista o en un rinconcito para comprobar que no se raya.

También es muy importante revisar los estropajos y las franelas a medida que los usamos, para asegurarnos de que no se ha alojado en ellos ningún material duro (una piedrecita, un trocito de cristal de un vaso que se rompió hace años...) que podría rayar la superficie que vamos a limpiar.

Muchos electrodomésticos llegan hasta el suelo y pueden acumular marcas en la zona inferior causadas por el roce del trapeador o de las suelas de los zapatos. Para eliminarlas, basta con aplicar piedra blanca o frotar con borrador mágico.

En cualquier caso, como son muchos los electrodomésticos que complementan nuestras cocinas, vamos a dedicar un espacio a hablar de cómo afrontar la limpieza de cada uno de ellos. ¡Empezamos!

EL TRUCO DE BEGO: ¡GUARDA LAS INSTRUCCIONES!

Aunque todos los electrodomésticos se parecen, cada fabricante y cada modelo tienen especificidades que debemos conocer para adaptar nuestra limpieza y cuidados, y sacar el máximo partido a la máquina.

Lo mejor es tener una carpeta o archivador dedicado a guardar estos documentos.

Hoy en día, los manuales de instrucciones son gruesos como tomos de enciclopedia, porque incluyen la misma información en decenas de idiomas que nos resultan totalmente desconocidos. Para ahorrar espacio, te recomiendo que cortes con un cúter o similar las páginas del manual que estén en español (o el idioma que te resulte más cómodo), las

engrapes entre sí y tires el resto. Después, mete las instrucciones junto con la garantía, la factura y cualquier otro documento relativo a la máquina que quieras conservar en un fólder o funda de plástico para documentos y guárdala en la carpeta. No olvides apuntar bien el nombre del electrodoméstico, la marca y el modelo para futuras consultas.

¡Por cierto! Apunta arriba de todo cuál es la fecha de cumplimiento de la garantía. Te ayudará a tenerlo presente.

Refrigerador y congelador

El interior del refrigerador y del congelador es una de las zonas de la cocina que más limpia tiene que estar siempre, dado que es un lugar donde se guarda comida, a menudo sin ninguna protección. Por eso recomiendo limpiarlo **una vez a la semana** y, si esto no fuera posible, como mínimo, una vez al mes.

Vacía el refrigerador o el congelador y limpia toda la superficie interior, incluidos las estanterías y los cajones, con un **estropajo suave y jabón lavatrastes neutro.** Limpia a conciencia con una franela con agua limpia y seca bien.

Si encuentras alguna mancha incrustada que no sale con el estropajo, aplica una pasta de bicarbonato y vinagre, y deja actuar al menos quince minutos. Retírala y vuelve a frotar con estropajo suave y jabón lavatrastes si fuera necesario.

Sin embargo, tal vez lo que más nos preocupa del refrigerador, además de mantenerlo limpio, es conseguir que al abrirlo no se nos estrelle en la cara un conjunto de malos olores. A veces dejamos algún alimento olvidado dentro del refrigerador o, peor aún, se corta el suministro eléctrico y toda la comida se echa a perder. Cuando esto pasa es habitual que el interior del electrodoméstico quede impregnado de un olor muy desagradable. Para eliminarlo, primero hay que limpiar a fondo el interior como acabamos de explicar y, a continuación, frotar toda la superficie con una **franela de microfibra** empapada en **agua oxigenada.**

EL TRUCO DE BEGO: ADIÓS MALOS OLORES

Si el olor persiste, pon la franela empapada en agua oxigenada sobre un plato o un tazón, y mételo en el refrigerador. Cámbialo cada **doce horas** hasta que el olor desaparezca por completo (aunque, en mi experiencia, por lo general basta con una sola vez).

Este truco funciona también para el congelador. La franela se congelará, por supuesto, pero seguirá actuando sin ningún problema.

Para evitar los olores en el día a día, es buena idea poner un puñadito de **bicarbonato** dentro de un caballito o cualquier otro recipiente pequeño en un rincón del refrigerador y cambiarlo cada dos o tres meses (o cuando notes que ha dejado de actuar). Notarás la diferencia.

Pero ¡ojo!: a veces, el mal olor no procede del interior del refrigerador, sino de la parte posterior, donde se encuentra un pequeño desagüe por el que, de vez en cuando, el electrodoméstico deja salir restos de agua de condensación. La cantidad de líquido que se expulsa es mínima, por lo que, en general, ni nos percatamos de ella y, a veces, ni siquiera sabemos que ese desagüe existe, pero puede retener olores desagradables, por lo que vale la pena echarle una ojeada de vez en cuando.

Para acceder a él hay que voltear el refrigerador y buscar un tubito en la parte trasera (si no lo encuentras, lo mejor es que revises las instrucciones del electrodoméstico). Para limpiarlo, basta con pasar una franela de microfibra, o incluso un cepillo de dientes, por el interior.

LOS REFRIGERADORES TIENEN RUEDAS

Si al leer la frase en la que te pido que muevas el refrigerador te entraron sudores fríos, seguro que no sabes que casi todos los refrigeradores actuales van equipados con un par de rueditas que ayudan a moverlos con mayor comodidad y menor esfuerzo. Te invito a que leas el manual de instrucciones de tu máquina para saber dónde se encuentran y conocer las recomendaciones del fabricante en cuanto a seguridad.

En cualquier caso, si no te sientes segura al desplazar pesos, pide siempre ayuda a otra persona.

Horno

Si has suspirado al leer la palabra *horno*, es que sabes lo difícil que es limpiar este electrodoméstico que, por otro lado, también es de los que más se ensucian. Sin embargo, después de muchas pruebas di con un método de limpieza que, si bien no es rápido, es muy eficaz y requiere muy poco esfuerzo. Más paciencia y menos frotar. No está mal, ¿verdad?

Una de las primeras cosas que hay que decir sobre el horno es que se trata de un electrodoméstico agradecido en el sentido de que, **cuanto más a menudo lo limpies, menos esfuerzo te costará,** por lo que vale la pena darle una repasada semanal en lugar de dejar que la grasa se acumule y se requeme hasta que resulte mucho más costosa de quitar.

Si partes de un electrodoméstico nuevo, lo mejor es limpiar las paredes y la base con **jabón lavatrastes neutro** y un **estropajo verde o de aluminio** después de cada uso. De este modo, evitarás que los restos de grasa de una comida se requemen y se peguen a la pared la siguiente vez que lo uses. Eso sí, espera a que el horno esté frío antes de ponerte a limpiar, no queremos accidentes, y recuerda no tocar ni limpiar bajo ningún concepto la resistencia superior, ya que podrías estropear la máquina.

Pero ¿qué hacemos cuando ya hay grasa incrustada? Ante todo, no estresarnos, ya que el proceso será lento, pero te garantizo que los resultados valen la pena.

En primer lugar, vacía el horno y, a continuación, vierte **vinagre alimentario** a chorro sobre la base. Ojo, no se trata de hacer una piscina, pero sí de mojar toda la superficie, sobre todo las zonas donde haya grasa y restos acumulados. Después, espolvorea **bicarbonato** también por toda la base e insiste sobre todo en las manchas incrustadas. La idea es crear una pasta que recubra bien toda la superficie.

También puedes aplicar esta misma pasta en las paredes, con un poco de paciencia y maña, de manera que se quede «pegada» sobre las manchas.

Cuando hayas acabado de aplicar, calienta el horno a 80 o 90 °C durante unos diez minutos, apágalo y deja que repose al menos dos horas para que la mezcla surta efecto.

También puedes aplicar la mezcla después de usar el horno, cuando aún esté templado, pero la temperatura haya bajado lo suficiente para que puedas tocar la superficie sin quemarte (como mínimo dos horas después de haberlo apagado).

Una vez que haya hecho efecto la mezcla, retírala con una franela húmeda y frota bien con **jabón lavatrastes neutro** y **un estropajo verde o de aluminio** (recuerda comprobar que no raye la superficie).

Si notas que te cuesta mucho esfuerzo quitar la grasa o, directamente, que no sale, repite la operación del vinagre con el bicarbonato, pero deja actuar la mezcla un mínimo de doce horas. Lo bueno que tiene este método es que resulta eficaz contra la suciedad, pero no es lo bastante abrasivo como para estropear el esmalte, por lo que no hay peligro de dañar la superficie. Se trata de tener paciencia y repetir las veces que haga falta porque, al final, acaba saliendo.

¡CUIDADO CON PASARTE!

Aunque te pueda resultar extraño, debes recordar que es importante no limpiar ni el techo ni la parte posterior del horno. Como ya hemos dicho antes, en el techo tenemos la resistencia, que es la parte más delicada y que no debemos tocar ni limpiar.

En algunos modelos existe la posibilidad de descolgarla para poder acceder a limpiar el techo. Antes de lanzarte a hacerlo, te recomiendo que consultes el manual de instrucciones de tu máquina para ver si es posible y cómo hacerlo.

En cuanto a la parte posterior, muchos hornos tienen ahí el ventilador o los orificios de ventilación, que no debemos intentar limpiar para evitar introducir productos o materiales que puedan provocar averías. En cualquier caso, ni el fondo ni el techo suelen ser zonas del horno que se manchen demasiado.

¿Qué pasa si ya ha saltado el esmalte? Por desgracia, si el interior de tu horno tiene alguna zona donde haya saltado el esmalte, ya sea por un golpe o por el uso de algún abrasivo, se trata de un daño que no tiene solución. Por supuesto, puedes seguir usándolo y limpiándolo con este método, pero a la larga no tendrás más remedio que cambiarlo.

Las bandejas y rejillas del horno se limpian de la misma manera que el interior: dejando actuar la mezcla de **vinagre con bicarbonato** y acabando con **jabón lavatrastes** y **estropajo**. Igual que sucede con el horno, el tiempo de actuación dependerá de lo sucias que estén, pero te garantizo que los resultados te sorprenderán.

Las puertas de los hornos suelen contar con un cristal que nos permite ver el interior sin quemarnos. Esto sucede porque, en realidad, no es un cristal, sino dos separados por una fina capa de aire por donde, a la larga, se puede colar grasa.

Si esto pasa, debes saber que **la mayoría de las puertas de horno se pueden quitar de forma sencilla,** aunque es algo que solo te recomiendo hacer si te sientes muy segura. El método de desmontaje varía según el modelo y el fabricante, por lo que tendrás que buscar las instrucciones y seguirlas paso a paso.

EL TRUCO DE BEGO: PARA NO PERDERSE

En más de una ocasión a lo largo del libro hablaremos de montar y desmontar piezas o elementos de nuestro hogar. La mejor forma de asegurarnos de que seremos capaces de volver a montar todo aquello que desmontemos es tomar nuestro celular e ir tomando fotografías paso a paso de cada una de las acciones que llevemos a cabo a la hora de desmontar. Así, cuando toque montar, lo único que tendremos que hacer es ir a la última fotografía y volver paso a paso hacia atrás. ¡Aprovechemos las facilidades que nos brinda la tecnología!

Una vez desmontados los cristales (ojo, porque pesan mucho más de lo que aparentan y si los manipulamos con un exceso de confianza se nos pueden caer), los ponemos sobre una superficie plana cubierta con franelas o trapos y los limpiamos igual que el interior del horno: aplicamos primero la mezcla de **vinagre y bicarbonato,** la dejamos actuar y rematamos con **estropajo suave** y **jabón lavatrastes neutro.** En este caso, si quedan restos, podemos aplicar **piedra blanca,** que es ideal para este tipo de superficies.

Puedes usar este mismo método para limpiar el interior del cristal sin desmontarlo.

Lavavajillas

Este es uno de esos electrodomésticos a los que no solemos prestar mucha atención porque creemos que, como se pasa el día limpiando platos, pues ya se limpia solo. Error.

Como su propio nombre indica, el lavavajillas *lava la vajilla,* pero ¿quién lo lava a él? Efectivamente, tú. Y es recomendable que lo hagas al menos una vez al mes para evitar acumulación de suciedad, sobre todo en los filtros, y malos olores.

Para limpiar el lavavajillas, lo primero que hay que hacer es **sacar las cestas** y pasarlas por la llave, en especial las ruedas, donde se acumula muchísima suciedad (si no las has limpiado nunca, ¡te garantizo que vas a alucinar con lo que va a salir de ahí!). No tendrás que frotar ni usar ningún producto porque la suciedad no está incrustada.

En muchos modelos de lavavajillas, **las aspas** también se pueden desmontar. Como de costumbre, consulta el manual de instrucciones de la máquina y, si fuera necesario, toma fotos paso a paso del proceso para no tener ningún problema. Una vez desmontadas, pásalas por la llave, llénalas de agua y agítalas para ayudar a mover la suciedad que presumiblemente se habrá acumulado en su interior.

A continuación, busca **los filtros,** desmóntalos y límpialos con un estropajo suave y jabón lavatrastes.

Una vez limpias todas las piezas, vuelve a poner todo en su sitio y echa **un vaso de vinagre y medio vaso de bicarbonato** sobre el fondo del lavavajillas. A continuación, elige un **programa largo y a máxima temperatura** y haz un lavado en vacío. La mezcla de vinagre y bicarbonato eliminará cualquier resto de sarro y olores. Si no has limpiado nunca el lavavajillas, es posible que tengas que repetir este proceso dos veces para obtener el resultado deseado.

BUENAS PRÁCTICAS CON EL LAVAVAJILLAS

- Algo primordial que hay que tener en cuenta a la hora de usar **el lavavajillas es que no es un bote de la basura.** Por eso, antes de meter en él los platos y demás menaje, hay que eliminar todos los restos sólidos de comida y demás con la ayuda de un cubierto. Ahora bien, retirar los restos no es lo mismo que enjuagar o prelavar. Esto, aparte de un derroche innecesario de agua, es un sinsentido. Si lavamos los platos antes de meterlos en el lavavajillas, ¿para qué lo tenemos?
- Una vez retirados los restos, es importante tener en cuenta el **orden dentro del lavavajillas** y poner cada elemento en la zona destinada a tal efecto para evitar accidentes o roturas. También es interesante observar las zonas por donde sale el agua para evitar bloquearlas con ollas u otros recipientes que impidan la circulación.
- En cuanto a **los cubiertos,** lo mejor es ponerlos en la cesta lo más mezclados y desordenados posible. Sí, ya sé que eso hace que sean un poco más lentos de recoger, pero si amontonamos las cucharas con las cucharas, por ejemplo, lo más probable es que se junten entre ellas y no dejen circular el agua, con lo que acabarán saliendo sucias y tendremos que volver a lavarlas.

- Para que la cristalería se mantenga en buen estado y no se ponga blanquecina es imprescindible usar **sal** y **abrillantador** en todos los lavados. Aunque uses un lavavajillas todo en uno (por ejemplo, pastillas que incluyen la sal y el abrillantador), yo te recomiendo que los añadas también aparte en los depósitos a tal efecto de la máquina; de esta forma, garantizarás que el sarro no se acumule en los vasos y que la vajilla salga siempre seca y sin marcas de agua.
- Aunque es una preferencia personal, **te recomiendo usar siempre detergentes en polvo** y no en gel. Evitará que la cristalería pierda su brillo.
- Para mantener un **buen aroma** dentro del lavavajillas, lo más natural y práctico es poner medio limón en la zona de los vasos y cambiarlo cuando ya esté pasado (dura más o menos un mes).

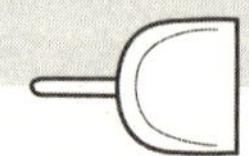

Si la máquina no lava bien, puede ser por dos motivos: porque esté sucia (y acabamos de explicar cómo limpiarla) o porque estés usando demasiado detergente. Si crees que se trata de esta segunda opción, prueba a lavar los platos poniendo la mitad de jabón del que estás usando. Recuerda que, **cuando hablamos de jabón, más no siempre es mejor.**

EL TRUCO DE BEGO:
CUBIERTOS BRILLANTES

Un truco para recuperar el brillo de los cubiertos es poner una bolita de papel de aluminio en la cesta. No es algo que haya que hacer de forma habitual, sino muy de vez en cuando, en el momento en el que notes que la cubertería ha perdido su aspecto de antaño.

Lavadora

Con la lavadora sucede como con el lavavajillas: como es un electrodoméstico que se usa para lavar, tendemos a pensar que está siempre limpio. Pero no es así. La lavadora también necesita un cierto mantenimiento, sobre todo para evitar averías y malos olores.

Mi primer consejo en relación con la lavadora, aunque pueda parecerte obvio, es que dediques un rato a leer las instrucciones para descubrir todos los programas y opciones que tiene tu máquina y que puedas elegir el que más te convenga en función del tipo y la cantidad de ropa que tengas que lavar. Usar el programa adecuado alarga la vida tanto de la lavadora como de la ropa, proporciona mejores resultados y, a la larga, ahorra tanto tiempo como dinero (porque evitarás tener que volver a lavar prendas que no han quedado bien a la primera).

Por otro lado, si me preguntas qué es mejor, detergente en polvo o líquido, mi respuesta es: los dos. Cada tipo de detergente tiene sus ventajas y sus inconvenientes, y genera residuos que se acumulan de forma distinta en la lavadora. Por eso, mi recomendación es usar **detergente en polvo para la ropa blanca,** porque la deja mejor, y **líquido para la ropa de color.**

Dicho esto, una de las maneras más fáciles de mantener la lavadora en buen estado es **dejar siempre la puerta abierta para ventilar el tambor.** De esta manera, evitaremos que la humedad acumulada se convierta en moho.

Si llego tarde con el consejo y ya tienes moho en la goma de la puerta, debes actuar cuanto antes para quitarlo. Empapa trapos viejos de algodón con **cloro** y mételos en la goma de manera que el líquido esté en contacto directo con el moho (de lo contrario, no sirve de nada). Deja actuar mínimo doce horas y, después, aprovecha los mismos trapos para arrastrar cualquier resto y eliminar bien todos los hongos. Si no has conseguido quitar del todo el moho, prueba a repetir el proceso dejándolos veinticuatro horas. Una vez que acabes, mete los trapos en una bolsa de plástico, para evitar ir diseminando las esporas, y tíralos a la basura. No laves nunca los trapos con los que has eliminado moho, porque podrías acabar extendiendo el problema en lugar de solucionarlo.

Otro lugar donde la lavadora puede acumular moho, aunque no podamos verlo, es en el conducto que lleva el detergente del depósito al tambor. De hecho, si tu lavadora desprende mal olor, es casi seguro que el problema reside precisamente ahí. Para eliminarlo, **vierte un vaso de cloro en el tambor de la lavadora y medio vaso más de cloro en el depósito.** A continuación, haz un lavado en vacío de al menos una hora y media de duración con agua caliente. Si no eliminas todo el olor a la primera, repite la operación.

EL MOHO: MÁS ALLÁ DEL PROBLEMA ESTÉTICO

El moho, que tiende a acumularse en zonas húmedas, es un organismo vivo, en concreto un hongo, que más allá de resultar desagradable a la vista, debido a su color verdoso oscuro, puede convertirse con rapidez en una amenaza para la salud de tu familia.

Por un lado, los hongos, que se reproducen por esporas, pueden desatar episodios de alergia que incluyen ataques de asma o irritación en los ojos, las vías respiratorias y los pulmones. Por otro, en casos extremos pueden ser fuente de infección, sobre todo en personas con problemas inmunitarios.

Sea como sea, tener hongos en casa no es nunca una buena idea y mi recomendación es que actúes enseguida en el momento en que lo descubras.

Otro elemento que hay que tener en cuenta en la limpieza de la lavadora es el **filtro**, que suele estar situado en una de las dos esquinas inferiores de la máquina. Una vez al mes, desenróscalo, asegurándote de poner algo antes para recoger la pequeña cantidad de agua que saldrá, y límpialo con mucho cuidado bajo la llave con la ayuda de un estropajo.

EL MISTERIO DEL CALCETÍN PERDIDO

¿Te ha pasado alguna vez que al ir a emparejar los calcetines o las medias te faltaba uno y has pensado «se lo tragó la lavadora»?

Pues no es ninguna locura, seguramente eso es lo que pasó.

Por un lado, en la fase de centrifugado, las piezas pequeñas pueden salirse del tambor y acabar dentro del cuerpo de la lavadora. Por otro, esas mismas piezas pueden colarse por el desagüe y salir con el agua sucia.

La mejor manera de evitar este tipo de accidentes es usar una **malla de lavado,** que evitará fugas.

También es recomendable usar otra malla para las prendas delicadas, como, por ejemplo, los brasieres, que evite que se enganchen o se rocen en exceso.

Microondas

O, como lo llamamos en mi casa, *el calientaleches más caro de la historia*. Aunque tiene una cosa buena: es muy fácil de limpiar. Cualquier salpicadura se elimina en el momento con una franela húmeda y, si queremos hacer una limpieza a fondo, basta con poner a calentar un par de minutos, hasta que hierva, una **taza con agua y unas rebanadas de limón.** Una vez pasado ese tiempo, dejamos actuar el vapor unos diez minutos sin abrir la puerta. El limón, que es un buen desengrasante, unido a la temperatura del vapor, habrá hecho todo el trabajo, y bastará con que pases una franela húmeda para arrastrar la suciedad y luego lo seques todo. Además, la mezcla deja un olor de lo más agradable.

Freidora

Por su propia naturaleza, la freidora es un electrodoméstico que va a estar siempre bastante sucio y que no es especialmente agradecido de limpiar. Sin embargo, con un poco de paciencia podrás dejarlo impecable.

Antes de empezar a limpiar hay que retirar el aceite sucio. Y, ojo, que ese aceite no se tira por el desagüe de la cocina ni mucho menos por el del baño. El aceite usado contamina las aguas y es muy difícil de eliminar en las plantas de tratamiento, por lo que **nunca, nunca, nunca**

debe irse por la tubería. En lugar de esto, mételo en una botella o recipiente que vayas a tirar (una botella de agua de plástico o un frasco de legumbres, por ejemplo) y llévalo al punto verde más cercano. El planeta y yo misma te lo agradeceremos de corazón.

Una vez vacía la cubeta, sumérgela en el fregadero durante dos horas en una mezcla de **agua caliente y vinagre al cincuenta por ciento** (mitad y mitad). Una vez pasado ese tiempo, la grasa se habrá aflojado y será mucho más fácil de quitar. Límpiala a fondo con **estropajo y jabón lavatrastes neutro.** Si a la primera no queda bien, vuelve a darle una pasada con jabón lavatrastes.

En cuanto al resto de las piezas de la freidora, es importante recordar que **la resistencia,** igual que sucede con la del horno, no se puede ni se debe limpiar. Sácala de la máquina y déjala aparte en un lugar seguro mientras limpias la carcasa.

Para el exterior de la freidora, volveremos a recurrir a la **pasta de vinagre con bicarbonato.** Dejamos actuar un par de horas, retiramos y limpiamos con un **estropajo suave** (para no rayar el plástico) y **jabón lavatrastes neutro.** Si notamos que la grasa no está saliendo con facilidad, podemos volver a cubrir con la pasta de vinagre y bicarbonato y dejar actuar doce o veinticuatro horas.

Campana extractora

La campana extractora es quizá el elemento de la cocina que más se ensucia, ya que a él van a parar todos los humos y la grasa en suspensión, por lo que vale la pena limpiarla a menudo para que el proceso sea más sencillo y no tan desagradable.

En primer lugar, **desmontamos los filtros,** los ponemos en remojo en el fregadero en una mezcla de **agua con vinagre al cincuenta por ciento** (mitad y mitad), con un buen puñado de **bicarbonato**, y los dejamos reposar entre media hora y una hora. A continuación, los limpiamos con **estropajo** y **jabón lavatrastes neutro** hasta eliminar toda la grasa. Si es necesario, los lavamos dos veces con jabón lavatrastes.

Si tus filtros son aptos para lavavajillas, mételos igualmente después del reposo en agua con vinagre y bicarbonato, ya que esta mezcla ayuda a aflojar la grasa. Ten cuidado, porque si no son aptos, perderán todo el brillo. ¡Otra vez te toca consultar las instrucciones!

Si para cuando has llegado a este punto ya perdieron brillo, trátalos con **piedra blanca.**

En lo relativo a la campana en sí, limpia las partes visibles (los huecos no se pueden limpiar) con **estropajo** y **jabón lavatrastes neutro,** limpia bien con **franela** y seca. Para **ablandar la grasa sobre la zona del motor** hierve mucha agua con unas rodajas de limón y pon en marcha la campana extractora. A los quince minutos bastará con darle con un poco de jabón lavatrastes y enjuagar.

El **mueble exterior** de la campana, que también suele acumular mucha grasa, se limpia igualmente con estropajo y jabón lavatrastes neutro. Mi recomendación es que frotes bien y lo dejes actuar unos diez minutos. A continuación, limpia una primera vez con una franela bien empapada en agua y una segunda con una franela humedecida. Acaba con una totalmente seca.

Parrilla de estufa

Llamamos *parrilla de estufa* a lo que se conoce comúnmente como *las hornillas*, es decir, la zona donde calentamos las ollas cuando cocinamos. En cuanto a limpieza, se dividen en dos grupos: las estufas de gas o butano y las parrillas de inducción o vitrocerámicas.

Estufas de gas o butano

Sin duda, las estufas de gas o butano son las que más trabajo dan a la hora de limpiar, ya que tienen más piezas y recovecos. Sin embargo, con un buen mantenimiento es fácil tenerlas impecables.

Para la **limpieza habitual,** basta con quitar los quemadores y limpiarlos con estropajo verde o de aluminio y jabón lavatrastes.

Para una **limpieza profunda,** sobre todo cuando pierden brillo o ha habido algún accidente que ha dejado restos requemados, lo mejor es quitarlos y cubrir cada pieza con una **pasta de vinagre y bicarbonato.** Dejamos actuar dos horas y frotamos con estropajo y jabón lavatrastes.

Si los quemadores tienen óxido o están obstruidos, lo mejor es sumergirlos toda la noche en una mezcla **de agua y vinagre al cincuenta por ciento.** A continuación, los limpiamos con estropajo y jabón lavatrastes y liberamos los orificios con la ayuda de un alfiler, una aguja de punto o un palillo.

La mejor manera de limpiar es no ensuciar. Te recomiendo que forres con papel de aluminio la base de tu estufa, dejando solo visibles los quemadores. Todo lo que salpique se quedará en el papel.

Parrillas de inducción o vitrocerámicas

En comparación con las estufas de gas, las parrillas de inducción o vitrocerámicas son mucho más sencillas de limpiar.

Para el día a día, basta con pasar un **estropajo suave** con **jabón lavatrastes,** limpia bien con una **franela empapada en agua** y secar hasta que quede brillante.

Si, con el paso del tiempo, vemos que el cristal ha perdido brillo, basta con aplicar piedra blanca y quedará como nuevo.

¡PLÁSTICO FUNDIDO SOBRE LA VITRO!

Nos ha pasado a todas. Llegas de la compra, dejas las bolsas sobre la barra, resulta que uno de los quemadores estaba caliente y... ¡horror! Antes de que te des cuenta tienes un trozo de plástico fundido sobre el cristal.

Que no cunda el pánico.

Lo primero que hay que hacer es dejar que se enfríe. No intentes hacer nada en caliente porque podrías quemarte y, además, empeorarás el problema. Sé que da mucha rabia, pero ten paciencia.

Una vez frío el desastre, cubre el plástico quemado con una **pasta de vinagre y bicarbonato** y deja actuar al menos dos horas. Después, con la ayuda de un **jalador,** elimina poco a poco los restos quemados. Si ves que está muy pegado, vuelve a cubrir con la pasta y deja dos horas más.

Si tienes mucha prisa porque tienes que usar la estufa, te queda el recurso del **fijador.** Es importante hacer esta operación rápidamente y toda de una vez, porque este es muy agresivo y puede dañar el brillo de tu vitrocerámica. Aplica un poco de fijador sobre el plástico quemado y retíralo con la ayuda de un jalador o un estropajo duro. A continuación, limpia con una franela y agua abundante hasta que no quede rastro del fijador.

Problema resuelto.

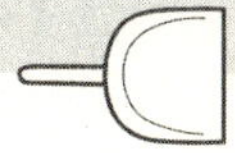

Fregadero

El fregadero puede ser una fuente de malos olores procedentes de las tuberías. En el mercado hay muchos productos industriales para intentar eliminarlos, pero suelen ser muy agresivos y, a la larga, pueden acabar dañando el material de la cañería y generando un nuevo problema.

Para eliminar estos olores de una forma más segura, vierte **medio vaso de bicarbonato** por el desagüe y, a continuación, **un vaso de vinagre.** Deja actuar dos horas, llena la cubeta de fregar con agua lo más caliente posible, vacíalo en el fregadero y deja reposar ocho horas más sin echar nada por el desagüe (lo mejor es hacerlo antes de irte a dormir, por ejemplo). Este proceso no debe formar parte de la limpieza habitual, pero sí puedes hacerlo sin ningún problema **entre dos y cuatro veces al año.** Si el sifón de tu cocina puede abrirse (algunos tienen un tapón de rosca en la parte inferior) puedes aprovechar para limpiarlo aún más a fondo por el interior. Si ves que tu pileta no traga, no uses ese método, porque puede taponarlo aún más.

Si el problema de mal olor persiste o reaparece enseguida, mi recomendación es que llames a un plomero, porque podría haber algún problema en la instalación de las cañerías o del propio sifón.

En cuanto al fregadero en sí, su limpieza no tiene ningún secreto: basta con darle una pasada con **estropajo** y **jabón lavatrastes neutro** después de cada uso, enjuaga bien con agua y secar para eliminar cualquier marca.

EL TRUCO DE BEGO: ¡VOLVER A BRILLAR!

Si tu fregadero ya tiene muchos años, es posible que haya perdido un poco de brillo. En ese caso, aplica **piedra blanca** y retírala con la ayuda de un **estropajo verde** (no con la esponjita que viene con el producto). Quedará impecable.

Para un extra de brillo, puedes frotarlo con **medio limón,** enjuagar y secar.

Llaves

Las llaves y la regadera de la cocina y el baño son una de las zonas de la casa donde más **sarro** se acumula. De hecho, en ocasiones, el sarro acumulado puede llegar a adquirir una tonalidad verde que podríamos confundir con moho. Puedes estar tranquila, porque generalmente no lo es, ya que el moho necesita cierta «tranquilidad» para crecer y las llaves, en cambio, son algo que estamos tocando constantemente.

Para eliminar el sarro de las llaves basta con **envolverlas cuidadosamente con trapos empapados en vinagre** y dejar que actúe durante toda una noche. A continuación, retiramos y secamos con un trapo limpio.

En general, basta con hacerlo **una sola vez cada dos o tres meses.** Sin embargo, si tras hacerlo la primera vez aún te quedan restos, envuelve las llaves de nuevo y deja que el vinagre actúe doce horas seguidas. Quedarán perfectas.

Si tienes muy sucio **el filtro** o **aireador** (ya sabes, esa pieza que va enroscada justo en el extremo por donde sale el agua), desenróscalo y sumérgelo toda la noche en **un vaso con vinagre.**

Si, por lo que sea, no puedes desenroscarlo, busca una manera de sumergirlo; por ejemplo, llenando una bolsa de plástico pequeña con vinagre y fijándola de alguna manera al cuerpo de la llave para que el filtro quede dentro del líquido. Te sorprenderá el resultado.

Suelos

Sigue las indicaciones para limpieza de suelos según material que encontrarás en las páginas 150-151.

ESQUINAS

A veces, sobre todo en la cocina y el baño, vemos suciedad acumulada en las esquinas que lleva tanto tiempo ahí que ya no sabemos ni de qué es, solo que no desaparece al pasar el trapeador.

No hay de qué preocuparse. Empapa un **papel de cocina** en **aceite,** ponlo encima de la mancha para ablandarla y déjalo ahí veinticuatro horas. Pasado ese tiempo, arrastra la suciedad, que ya se habrá aflojado, con ese mismo papel y, a continuación, friega bien para eliminar los restos de aceite.

Si, por lo que sea, se resiste, puedes aplicar **fijador,** rascar bien con un **estropajo** o un **jalador** y **enjuagar de inmediato** con agua para evitar que el fijador dañe los azulejos. Ve poco a poco para asegurarte de que lo haces bien.

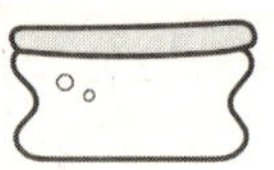

Juntas

Si tienes azulejos en la cocina, es posible que las juntas hayan ido ensuciándose con el paso del tiempo. No es algo que deba preocuparte demasiado, pero quizá se te antoje limpiarlo una vez cada año o cada dos años.

Eso sí, te advierto que limpiar las juntas del suelo te convalida, como mínimo, una sesión de gimnasio, así que tenlo en cuenta antes de lanzarte.

Lo que debes hacer es echar **bicarbonato** sobre las juntas y mojarlo con **vinagre** para formar una pasta. Déjala actuar un mínimo de dos horas y, a continuación, cepíllalo, barre y friega para eliminar cualquier resto de la mezcla. Sobre todo, **no eches mucho bicarbonato, porque cuesta bastante quitarlo.**

Si lo deseas, puedes hacer el mismo proceso en las paredes, aunque en ellas, al ser verticales, la pasta no se aguanta tanto tiempo. Por suerte, las juntas de las paredes no acostumbran a estar tan sucias como las del suelo, por lo que no hay que limpiarlas casi nunca.

Aunque usar vinagre con bicarbonato convierte esta tarea en más laboriosa, no te recomiendo usar productos industriales para la limpieza de juntas, ya que pueden dañar el material y causar problemas en tu alicatado.

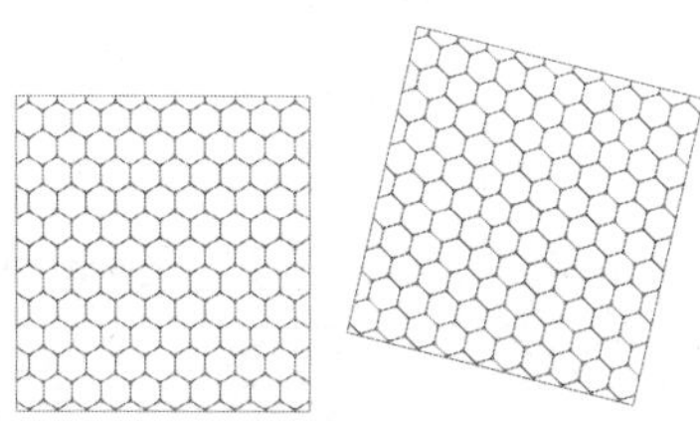

El baño

El baño, como la cocina, es una estancia que usamos varias veces todos los días y que es importante mantener limpia y ordenada para sentirnos a gusto en ella. Por eso:

- Intenta establecer una rutina diaria en el uso para que esté siempre al tiro: mantener las superficies despejadas y ordenadas, ventilar, enjuagar el lavabo, la ducha o la tina después del uso, etc.
- Programa una limpieza semanal para evitar la acumulación de sarro.
- Procura hacer una limpieza a fondo cada tres o cuatro meses, o más a menudo si son muchos en casa y lo consideras necesario.

Los dos tipos de suciedad que más se acumulan en el baño son el moho y el sarro. El causante de ambos es obvio: el agua. Si bien es cierto que, dependiendo del lugar en el que vivas, tu agua corriente será más o menos dura, es decir, tendrá más o menos sarro, a la larga esta siempre se acaba acumulando en las superficies.

Por otro lado, el moho dependerá por completo de la ventilación de tu baño y de las características propias de la construcción de tu hogar. Lo importante es saber en qué puntos tiende a aparecer para estar atenta y actuar ante el primer indicio.

Nuestro aliado principal para combatir ambas amenazas será el vinagre, aunque, en el caso del moho, quizá tengamos que acabar recurriendo al cloro.

Suelo

En el caso del baño haremos una excepción, ya que hemos dicho que, en general, limpiaremos las estancias siempre de arriba abajo; en el caso del baño, lo primero que haremos es barrer.

Esto lo hacemos porque, al estar alicatado, al limpiar las paredes del baño lo más seguro es que acabemos mojando el suelo y, si no hemos quitado antes el polvo, al mojarse se forma una especie de barro que después cuesta más limpiar. Así que, ya sabes: barre en seco antes de empezar. Limpia todo el baño y, al final, friégalo siguiendo las indicaciones generales de suelos de las páginas 150-151.

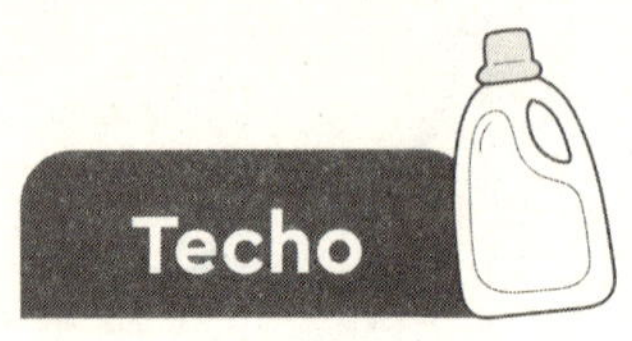

Techo

En general, no es necesario limpiar el techo del baño; lo único que tienes que hacer es prestar atención a la presencia de moho, que puede llegar a acumularse por la condensación, sobre todo en los rincones.

Como ya dijimos cuando hablábamos de la cocina, el moho negro es más una amenaza para la salud que un problema estético, por lo que es importante actuar enseguida para eliminarlo.

Para quitar manchas de moho tanto en el techo como en cualquier otro punto del baño el procedimiento siempre es el mismo. Mi primera opción, y la menos agresiva, es probar con vinagre de limpieza, ya que este ácido es bastante eficaz contra el moho reciente y poco asentado. Aunque necesita algo más de tiempo para actuar, yo lo prefiero, sobre todo si hay niños en casa, ya que se trata de un producto no tóxico.

Para aplicar el remedio, empapa una franela vieja o un trapo de algodón en vinagre y presiona con ella la zona donde esté la mancha, de manera que el líquido esté en contacto directo con el moho. Dependiendo de la zona podrás dejarlo apoyado, pero si hablamos del techo y las paredes, lo mejor es fijar los trapos con cinta de pintor, porque su pegamento es muy suave y no dejará mancha al retirarla. Deja actuar el vinagre al menos durante doce horas. Si pasado ese tiempo notas cambio, pero aún quedan restos, repite al día siguiente doce horas más. Después, puedes acabar de quitar cualquier resto con un cepillo duro o un estropajo.

Si el moho está muy asentado o se resiste a salir, no te queda otro remedio que recurrir al cloro usando el mismo método de empapar trapos y dejarlos reposar.

Si te resulta muy complicado aguantar el trapo, también puedes pulverizar con cloro varias veces al día y dejar que actúe. Eso sí, ten en cuenta lo que hemos comentado en la página 58 sobre cambiar el cloro de recipiente.

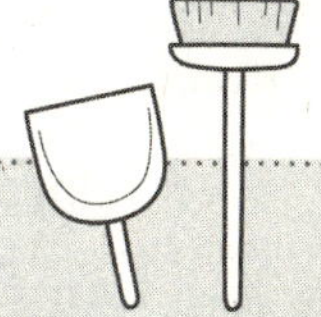

¡SIEMPRE VUELVE!

Si, por mucho que lo limpies, el moho siempre acaba saliendo en el mismo sitio, te recomiendo que consultes con un profesional en humedades para buscar cuál es la causa subyacente y ponerle remedio. Puede tratarse de un problema en la construcción de tu hogar o en los materiales.

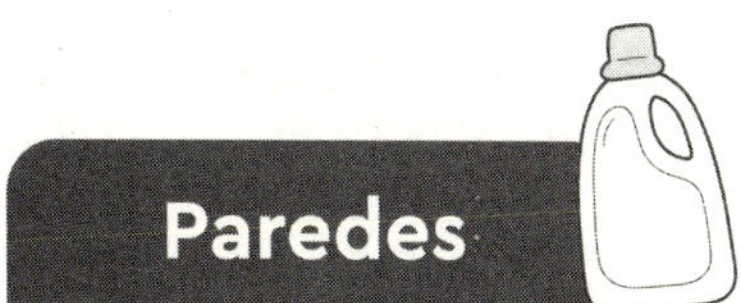

Paredes

En general, solemos alicatar las paredes del baño de suelo a techo, lo que facilita la limpieza y protege contra la humedad.

Te recomiendo que limpies los azulejos más o menos cada dos meses para eliminar restos de condensación, polvo y cualquier mancha que se haya ido posando.

El truco para ahorrar tiempo y dejarlo todo impecable es seguir un orden concreto; por ejemplo, empezando por la zona a la izquierda de la puerta de entrada y siguiendo por la pared hasta llegar de nuevo a la puerta por el otro lado. Como es evidente, según sea tu baño tendrás que decidir dónde empezar y acabar el recorrido, pero la idea es hacerlo tres veces:

- Para la primera pasada, llena un atomizador con agua y un poco de limpiador neutro específico para baños y agita para que se mezcle. Después, empezando por el punto que hayas decidido, atomiza la mezcla por toda la pared de arriba abajo y ve avanzando hasta llegar al final. No frotes ni hagas nada más; la idea es dar tiempo al jabón para que actúe, limpie y desincruste si fuera necesario.
- En la segunda pasada, siguiendo el mismo recorrido, frota las zonas difíciles con un estropajo y elimina el jabón con la ayuda de una franela empapada en agua. Asegúrate bien de que no queden restos y procura cambiar de franela a medida que se ensucie.
- En la tercera pasada, seca bien los azulejos con una franela de microfibra, que tendrás que cambiar cuando se empape. Este paso es importante

para retirar toda el agua y evitar que queden marcas de sarro o se forme moho.

EL TRUCO DE BEGO:
¡UNA FRANELA PARA CADA COSA!

Cada zona y elemento de tu hogar debe tener su propia franela (y estropajo u otras herramientas) para garantizar que los gérmenes no viajan a donde no deben. Así, lo que estés usando en la cocina no debe ir al baño, y viceversa. Además, dentro del baño es importante tener dos juegos de herramientas: uno para el baño en general y otro exclusivamente para el inodoro.

En mi caso, para no complicarme, aprovecho los distintos colores de las franelas, de forma que uso un color para la cocina, otro para el baño y otro para el inodoro.

Como ya hemos comentado, a la hora de lavarlas, siempre que hagas lavados largos con temperatura elevada, puedes mezclarlas sin ningún miedo y, una vez limpias, puedes cambiar su uso con tranquilidad.

Sanitarios

Los sanitarios que tenemos en nuestras casas, es decir, los lavabos, tinas, platos de ducha, inodoros, bidés, etc., suelen estar hechos de materiales duros y resistentes, como la cerámica, la porcelana o la resina mineral. Así, para la limpieza semanal, solo necesitas un producto neutro para baños y un estropajo suave. Recuerda limpiar el jabón con una franela con agua y secarlo todo bien al terminar.

Una vez más, no te recomiendo que uses cloro. Por un lado, no hace falta, porque los productos para baño también desinfectan; por otro, y como ya hemos dicho, el cloro hace amarillear las superficies blancas y daña el color de las que no lo son.

Si tu baño ya tiene unos años y los sanitarios han perdido su tono y brillo originales, o si has usado cloro con regularidad y han amarilleado, puedes intentar curarlos aplicando piedra blanca como solución puntual. Este producto tiene la capacidad de pulir ligeramente el material, por lo que puede restaurar un poco el daño causado por el paso del tiempo o los limpiadores abrasivos, pero no se puede abusar de él. Mi recomendación es que uses piedra blanca una vez al año o cada dos años, no más.

Cada sanitario tiene un uso y unas características propias; vamos a verlos uno a uno.

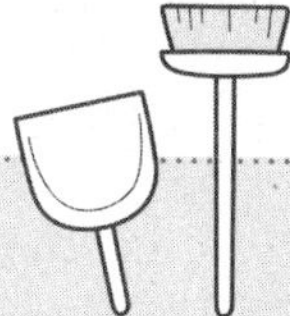

¿QUÉ PASA CON EL MOHO ROSA?

A diferencia del moho negro, que es un hongo, el moho rosa está formado por bacterias que proliferan en los restos de jabón y necesitan humedad, oscuridad y tranquilidad para desarrollarse. Por eso, su lugar favorito para asentarse es el baño, sobre todo en las juntas de la tina o la ducha con el alicatado circundante.

Por suerte, eliminarlo es muy sencillo; basta con frotar con un estropajo verde y un jabón antibacteriano.

Para evitar que prolifere, lo mejor es enjuagar bien los restos de jabón que quedan después de bañarnos.

Plato de ducha o tina

Aunque la usamos a diario, no solemos prestar atención a la superficie de la tina o la ducha hasta que un día, de repente, nos fijamos en manchas que llevan ahí ni se sabe el tiempo, y que, justo por eso, suelen estar bastante incrustadas.

Para quitarlas, unta con las manos una capa fina de jabón lavatrastes neutro sobre ellas y déjalo reposar entre media hora y una hora. Después, frota con un estropajo verde y enjuaga bien.

Si estas manchas no salen a la primera, puede ser por dos motivos: o bien que estén muy incrustadas o bien que el sanitario sea muy viejo. En ambos casos tu mejor opción para acabar con ellas es la piedra blanca.

CUIDADO CON LA PIEDRA BLANCA

La piedra blanca resulta muy agradecida porque da unos resultados espectaculares sobre superficies que, a veces, nos cuesta ver bien. Sin embargo, se trata de una solución abrasiva de la que no hay que abusar, sobre todo en los sanitarios del baño, ya que si la introducimos en la rutina semanal podríamos dañar rápidamente el acabado de la cerámica o la porcelana.

Lavabo

El lavabo, lavamanos o pileta (es un elemento que recibe muchos nombres) no tiene demasiado secreto a la hora de limpiarse; basta con seguir la recomendación general. Sin embargo, tiene una zona especial en la que puede que no te hayas fijado: todos estos lavabos lucen un agujerito, ya sea debajo de la llave o en la pared justo de enfrente.

Se trata del rebosadero, que sirve para evitar accidentes si dejamos el tapón puesto y la llave abierta. Ese agujero, que conecta con el desagüe, puede acumular suciedad y ser fuente de malos olores. Para limpiarlo basta con un poco de jabón de manos y un cepillo de dientes viejo.

Si hasta ahora no le habías prestado atención y está muy sucio, un buen truco es echar espuma de rasurar en el agujero, dejar actuar unos minutos y enjuagar con agua.

¡ACLARAR BIEN ES IMPORTANTE!

En el baño es muy importante enjuagar bien las superficies que limpiemos, sobre todo las que contengan tornillos, herrajes o partes metálicas, para evitar que se oxiden o se estropeen antes de tiempo.

Si al limpiar dedicas más tiempo a enjuagar que a cualquier otra cosa, porque no deja de salir y salir espuma, no lo dudes: estás usando demasiado jabón. Prueba emplear la mitad de lo que estés utilizando y comprueba si tienes suficiente. Ajusta la cantidad a partir de ahí.

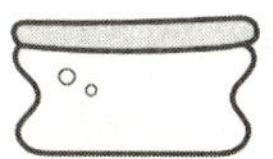

Inodoro

El inodoro es una de las partes del baño a las que hay que dedicar más tiempo en la limpieza, ya que puede ser fuente de malos olores y es fácil que las manchas se incrusten.

Para limpiarlo a fondo, lo primero que hay que hacer es vaciar el agua del sifón.

Aunque después de jalar la cadena esa agua está limpia, yo te recomiendo que uses un trapeador viejo para hacerlo y que lo tires después para evitar diseminar gérmenes por toda la casa. El proceso es muy sencillo: mete el trapeador en el fondo del inodoro, absorbe el agua y escúrrela en una cubeta. Repite hasta que esté vacío.

Después, haz una pasta con vinagre y bicarbonato, y cubre con ella el interior del inodoro haciendo hincapié en las manchas incrustadas y en el borde interior de la taza, porque ahí es donde se acumula más sarro. Deja actuar doce horas (toda la noche) y frota con un estropajo verde. Para acabar, jala la cadena y el sifón se volverá a llenar.

Si no basta con el vinagre y el bicarbonato, puedes dar una pasada con borrador mágico. Si hay mucho sarro acumulado, puedes mojar el borrador con vinagre o jugo de limón para aumentar su eficacia.

Una vez que hayas acabado con el interior, limpia el exterior de la taza como ya hemos dicho, con estropajo y un producto neutro para baños, y repite en los bordes y recovecos, así como en las zonas de pared y suelo que tenga más cerca, ya que pueden ser fuente de olores por los restos de orina que pueda haber, sobre todo si tienes niños en casa.

Si el mal olor persiste, limpia toda la zona con una franela empapada en agua oxigenada y, a continuación, déjala en esa zona, apoyada en un plato, hasta que el olor desaparezca. Cámbiala cada doce horas.

EL TRUCO DE BEGO: EL INODORO NO ES EL BOTE DE LA BASURA

Para prevenir atascos y malos olores, no tires nunca pelos, algodones, rollos de papel higiénico vacíos, toallitas, cotonetes ni ninguna otra cosa del estilo por la taza del baño. Aparte de que las plantas de recuperación de aguas residuales no están preparadas para lidiar con este tipo de residuos, lo peor es que puedes provocar atascos o malos olores en tu instalación, que, a la larga, te saldrán muy caros. Para evitar la tentación, pon un bote de basura pequeño en el baño. Problema resuelto.

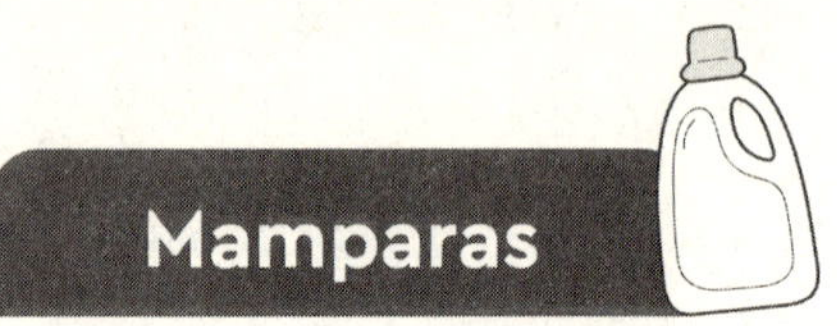

Mamparas

El enemigo número uno de las mamparas es sarro, que hace que el cristal o metacrilato se vean opacos y llenos de marcas de lo más antiestéticas.

EL TRUCO DE BEGO: UN MINUTO CADA DÍA PARA LIMPIAR MENOS

La mejor forma de prevenir la acumulación de sarro en las mamparas consiste en pasar un jalador (ya sabes, una de esas herramientas en forma de *T* que se pasan sobre el cristal para arrastrar el agua) después de cada ducha. Ten siempre una a la mano al lado de los jabones y los champús; tardas menos de un minuto en pasarlo y el resultado a largo plazo es una maravilla.

Si el sarro está ya muy instaurado y tu mampara es de cristal, puedes usar borrador mágico; si no funciona, pasa a la piedra blanca.

Si tu mampara es de metacrilato, no uses nunca borrador mágico ni piedra blanca, ya que son productos demasiado agresivos y estropearías el material. En este caso, solo te queda armarte de paciencia, frotar toda la superficie con medio limón y enjuagar con agua o vinagre calientes. Es probable que tengas que repetir este proceso unas cuantas veces para que quede bien.

Cortinas de baño

Las cortinas de baño de plástico también pueden acumular sarro y moho. En estos casos, si está muy estropeada, recuerda lo que te comenté en el apartado de filosofía y valora si lo mejor es intentar salvarla o, por el contrario, sustituirla.

Como rutina semanal, limpia la cortina de baño con una franela empapada en vinagre para eliminar restos de jabón y sarro. Si tiene alguna mancha de moho que el vinagre no sea capaz de eliminar, frota con un poco de cloro.

Si tienes cortinas de tela blanca en el baño, en las ventanas, por ejemplo, y les ha salido moho, puedes lavarlas en la lavadora con cloro a 60 °C. Si tus cortinas son de color y les ha salido moho, podrías intentarlo con el vinagre, pero es posible que al final la única opción sea sustituirlas.

Jaboneras y otros objetos pequeños del baño

Las jaboneras, los vasos para dejar los cepillos de dientes y otros objetos que tenemos en el baño para contribuir al orden suelen acabar llenos de sarro y, a veces, moho, a causa de su exposición permanente a la humedad. Para que vuelvan a quedar como nuevos lo mejor es sumergirlos en una mezcla de agua y vinagre al cincuenta por ciento, es decir, mitad y mitad, con unas cuantas cucharadas de bicarbonato. Dejamos que actúe toda la noche, enjuagamos con agua al día siguiente, secamos bien y como nuevos.

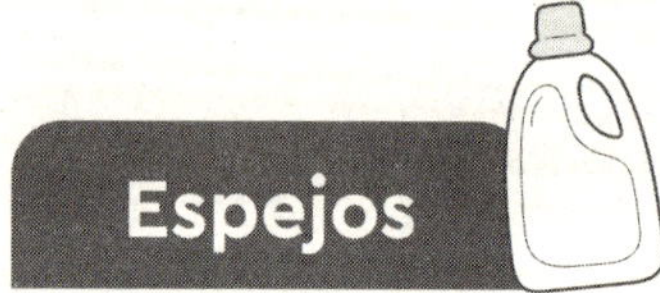

Espejos

¡Parece mentira lo mucho que se manchan los espejos del baño! Por suerte, limpiarlos es mucho más sencillo de lo que crees. Basta con pasar una franela de microfibra nueva (si es especial para vidrios, mejor que mejor) ligeramente humedecida solo con agua.

Los espejos son muy agradecidos y se limpian muy bien. Si tienes la sensación de que no te quedan limpios, seguro que el problema es la franela; agarra una nueva y utilízala solo para el espejo, ya verás qué diferencia.

EL TRUCO DE BEGO: ¡SOLO CON AGUA!

Aunque no lo parezcan, los espejos son una superficie delicada que reacciona mal a los productos abrasivos. Por eso, mi recomendación para limpiarlos es no usar nada más que agua. De esta manera conservarán mucho más tiempo su brillo original.

Llaves, mal olor en los desagües y juntas

En la parte de cocina ya hemos hablado de cómo limpiar las llaves (p. 109), cómo combatir el mal olor de los desagües (p. 107) y cómo limpiar las juntas del suelo si es necesario (p. 111). El procedimiento en el caso del baño es exactamente el mismo.

El salón, el comedor, el despacho y las zonas de paso

Ha llegado el momento de hablar de las zonas de nuestro hogar en las que hacemos vida durante del día. El salón, el comedor, el despacho y las zonas de paso, como la entrada o los pasillos, comparten muchas características y materiales; por eso decidí agruparlos en una única sección a la hora de abordar su limpieza.

En este caso, lo primero que te voy a explicar es cómo hacer la limpieza rutinaria, que yo recomiendo un par de veces por semana, o cuando haga falta, pero teniendo siempre en cuenta que la casa es infinita y que, aunque nos gustaría, no va a estar siempre perfecta, así que no te agobies.

Limpieza rutinaria

Una vez que salimos de la cocina y el baño, lo que más se acumula en una casa es el polvo, ese enemigo pesado e insistente que hay que combatir con paciencia y buen humor, porque, hagas lo que hagas, siempre vuelve. Por eso yo recomiendo, como rutina, quitarlo un par de veces por semana. Para hacerlo, sigue estos pasos:

- Abre las ventanas y ventila la estancia durante diez minutos para renovar el aire. Será mejor si consigues una ventilación cruzada.
- Cierra la ventana y espera otros diez minutos para que el polvo se asiente. Mientras esperas, puedes aprovechar para ordenar y despejar las superficies y el espacio de obstáculos; así te será más sencillo limpiar.
- Limpia el polvo de muebles y superficies de arriba abajo. Puedes usar un plumero sintético o una franela de microfibra muy ligeramente humedecida con la ayuda de un atomizador con agua.
- Al menos una vez a la semana aspira a fondo las alfombras y los sofás (si tienes) con el accesorio adecuado de tu aspiradora.
- Barre el suelo o, aún mejor, pasa un mechudo de microfibra un poco humedecido con agua (no con productos, que acaban creando otra capa sobre la superficie).

Estos sencillos pasos bastan para mantener tu hogar ordenado y bastante libre de polvo, al menos en las zonas donde más se ve. Aun así, como sucede en todas las estancias, de vez en cuando hay que hacer una limpieza a fondo.

Limpieza a fondo

Aunque dediques tiempo todas las semanas a tener la casa limpia y ordenada, es recomendable hacer una limpieza a fondo como mínimo dos veces al año. En este caso, nuestro objetivo es centrarnos en las zonas menos accesibles o que necesitan un tiempo que no tenemos en nuestro día a día.

Como de costumbre, vamos a limpiar las estancias de arriba abajo para evitar volver a ensuciar zonas que ya hayamos limpiado.

Techos

Como ya hemos visto en otras estancias, los techos no acostumbran limpiarse porque tampoco se ensucian demasiado. Basta con comprobar que no haya ninguna mancha concreta, una salpicadura en la que no nos hemos fijado (ver p. 75) o alguna telaraña en las esquinas.

Lámparas

Dependiendo del tipo de lámpara que tengas, quizá tengas que limpiarla más de dos veces al año. Por ejemplo, las lámparas de techo no suelen entrar en la rutina semanal porque no están «a la mano» y, sin embargo, acumulan bastante polvo, por lo que tendrás que calcular cada cuánto quieres darles un repaso. Mi recomendación es que observes un poco lo que tienes y valores cómo organizar el calendario de limpieza en función de las necesidades.

Una de las cosas que da más flojera de limpiar las lámparas de techo o altas es que ensucian mucho porque, al hacerlo, movemos polvo en altura, que cae y vuela a otras zonas (por eso empezamos por aquí). Antes de empezar, aparta todo lo que haya debajo o, si no puedes, cubre los muebles y las alfombras con un plástico, sábanas viejas o bolsas de basura para recoger ese polvo y suciedad que van a caer sí o sí.

Después, sobre una escalera estable donde te sientas segura, empieza quitando el polvo de las zonas duras con una franela de microfibra humedecida. Si hay mucho acumulado, es posible que tengas que repetir la operación.

Si tienes lámparas de pantalla, retírala y aspírala o cepíllala bien con un cepillo para zapatos nuevo. No las mojes, porque el agua haría penetrar el polvo en el tejido y entonces costaría mucho más eliminarlo. Si la pantalla tiene alguna mancha concreta, puedes usar Fórmula mágica para quitarla. Pulveriza un poco sobre la mancha y frota con una franela de microfibra haciendo movimientos circulares hacia los bordes. Después, limpia con una franela con agua para eliminar el cerco del jabón. Según lo sucia que estuviera la pantalla en origen, quizá tengas que limpiar toda la pantalla con Fórmula mágica para unificar el tono.

Ventanas

Aunque las ventanas tienen mala fama, en realidad son muy fáciles de limpiar si sabes cómo hacerlo. El secreto está en usar solo una franela de microfibra (si es especial para cristales, mejor) y agua. Si la ventana no está muy sucia, basta con humedecer un poco la franela. Si, por el contrario, hace tiempo que no la limpias, lo mejor es mojar el cristal con un atomizador.

Recuerda cambiar de franela más o menos cada dos metros cuadrados o cuando la veas sucia.

EL TRUCO DE BEGO: ELIGE EL MOMENTO

Aunque parezca que es lo mejor, porque se ven mejor las manchas, no limpies nunca los cristales mientras les está dando el sol directamente. El calor seca el agua demasiado deprisa y hace que nos cueste más limpiarlos y que nunca queden perfectos.

Si tienes jardín, es probable que las ventanas que dan a él se mojen con los aspersores y tengan manchas de sarro. Para eliminarla, lo mejor es limpiar esos cristales de forma regular con vinagre y, si está muy incrustada, con borrador mágico o piedra blanca.

Muebles

Como ya hemos explicado en la limpieza rutinaria, los muebles —esto incluye armarios, sillas, mesas, etc.— se limpian de arriba abajo con la franela de microfibra ligeramente humedecida.

Mi recomendación es que prescindas de cualquier producto antipolvo para madera. Este tipo de productos, que estuvieron muy de moda hace unas décadas, son muy grasos y sus resultados son muy espectaculares al principio porque dejan un brillo muy bonito; sin embargo, a la larga crean una capa sobre el barniz que atrapa el polvo y deja los muebles con un acabado pegajoso muy poco atractivo.

En el caso de las sillas, cepilla bien los tapizados o pasa una franela humedecida si son de piel, polipiel o similar.

Alfombras

Además de la limpieza semanal, las alfombras necesitan cuidados específicos de mantenimiento a lo largo de todo el año.

Lo ideal es poder sacudirlas en el exterior, es decir, en el jardín, el balcón, la azotea o donde puedas, cuatro veces al año. Una vez hecho esto, deja que se aireen durante media hora antes de guardarlas o volver a dejarlas en su sitio.

Para limpiarlas a fondo o eliminar el mal olor espolvorea, con la ayuda de un colador, una capa muy fina de bicarbonato sobre toda la superficie de la alfombra. Deja actuar media hora y después aspírala al menos dos veces para eliminar cualquier rastro de polvo y de bicarbonato.

Si tu alfombra está muy sucia, lo recomendable es hacer una limpieza en húmedo. Empieza igual que antes, espolvoreando bicarbonato con la ayuda de un colador, y, a continuación, atomiza un solo toque de vinagre en cada zona de la alfombra. Sobre todo, no te pases. La idea aquí es humedecer el bicarbonato sin empapar el tejido. Deja actuar unos treinta minutos y, después, cepilla toda la superficie con cuidado para eliminar la mayor cantidad posible de pasta de vinagre y bicarbonato antes de aspirarla.

Cosas importantes que debes tener en cuenta:

- Si tu alfombra es muy delicada o tienes dudas, haz una prueba con el vinagre y el bicarbonato en una zona escondida antes de aplicarlo.
- No te preocupes por el olor a vinagre; de hecho, el vinagre sobre la alfombra elimina cualquier mal olor que tuviera esta y no deja ninguno a cambio.
- Para manchas concretas, consulta el diccionario de manchas del capítulo 4.

EL TRUCO DE BEGO: ¿TU ALFOMBRA HUELE MUCHO?

A veces, por motivos que no siempre conocemos, nuestras alfombras desprenden un olor muy fuerte que no desaparece con una limpieza rutinaria. En este caso, lo primero que necesitas es un poco de paciencia y un lugar libre donde dejar reposar la alfombra. Espolvoréala con bicarbonato, como hemos explicado, y déjala reposar una semana antes de cepillarlo y aspirarlo. Si tienes que usarla, cúbrelo todo con un plástico para no pisar el bicarbonato.

Si el olor aún persiste, pasa una franela empapada en agua oxigenada por toda la superficie y, a continuación, deja la franela a un lado apoyada sobre un plato. Cámbiala cada

doce horas hasta que el olor de la alfombra desaparezca por completo.

Si tienes una alfombra realmente sucia y quieres intentar recuperarla, haz un cubo de Fórmula mágica usando la siguiente receta: 5 litros de agua caliente, 5 cucharaditas cafeteras al ras de jabón en escamas con glicerina y medio litro de amoniaco. A continuación, llena otra cubeta solo con agua y tenla cerca. El proceso va a ser largo, pero verás buenos resultados.

Con la ayuda de un trapeador de microfibra nuevo, ve fregando la superficie por partes, mojándola con Fórmula mágica y enjuagando siempre en la cubeta de agua sola. De esta forma, no llevarás la suciedad a la cubeta con Fórmula. Procura repetir en todas las zonas de manera uniforme. Cuando hayas acabado, deja secar en un lugar ventilado.

Ten en cuenta que esta solución moja bastante el tejido, por lo que, antes de usarla, tienes que valorar el efecto que pueda tener sobre tu alfombra. Es decir, pensar bien si vale la pena intentarlo —porque, de lo contrario, vas a tener que tirar la alfombra— o si prefieres probar soluciones más conservadoras porque no te gustaría tener que desprenderte de ella si el agua la estropea.

Sofás de tela o tapizados

Aunque aspires o cepilles el sofá de forma habitual, puede que de vez en cuando quieras hacer una limpieza a fondo.

Si no está muy sucio, basta con repasar toda la superficie con una franela de microfibra nueva humedecida. Esto elimina tanto el polvo como la suciedad superficial.

Si el sofá es muy viejo o hace mucho que no lo limpias, vale la pena recurrir a la Fórmula mágica. Como siempre, antes de usarla, haz una prueba en una zona escondida y, si el material lo soporta, atomiza la mezcla cojín a cojín, frota con una franela haciendo círculos de dentro afuera y llevando la suciedad hacia los bordes, y limpia con una franela de microfibra humedecida. Una vez limpio el sofá, espera al menos un día a que se seque antes de volver a usarlo. Si estaba muy sucio, puede que no quede bien a la primera. Ármate de paciencia y repite el proceso.

Para manchas concretas, consulta el diccionario de manchas de la segunda parte del libro.

Sofás de piel

Una de las ventajas de los sofás de piel es que tienden a repeler muy bien las manchas, sobre todo si llevamos a cabo un buen mantenimiento. Eso sí, con este material, debes tener en cuenta que su aspecto irá cambiando un poco con el paso del tiempo y el uso, aunque eso no tiene por qué ser negativo.

Para limpiar este tipo de sofás lo primero que debes hacer es pasar la aspiradora haciendo hincapié en los pliegues y repitiendo el proceso si es necesario.

A continuación, tienes distintas opciones:

- La menos agresiva es la franela de microfibra humedecida en agua, que sirve como limpieza de mantenimiento.
- Si el sofá tiene manchas específicas o hace mucho tiempo que no lo limpias, puedes optar por la Fórmula mágica (antes de lanzarte, pruébala en una zona oculta para asegurarte de que el material la tolera bien). Atomiza los cojines de uno en uno, frota con una franela de microfibra y limpia con otra franela humedecida en agua.
- Si el sofá es de piel sintética o polipiel, disuelve una cucharada sopera al ras de jabón lavatrastes neutro en medio litro de agua. Atomiza con la mezcla cojín a cojín y límpiala con una franela húmeda.

LA HIDRATACIÓN ES VITAL

Como te acabo de decir, la piel es un material orgánico que reacciona ante los estímulos ambientales. Por eso, como pasa con nuestra propia piel, la hidratación es vital para que se conserve en buen estado. En la zapatería encontrarás productos específicos, pero también puedes usar crema Nivea clásica. Aplica una capa muy fina con la ayuda de una franela de microfibra. Recuerda que la idea es hidratar, no engrasar. Cuando acabes, la piel debe tener un tacto seco pero flexible. Si te pasaste en algún punto, retira el exceso frotando con una franela de microfibra seca.

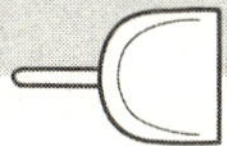

Para manchas concretas, consulta el diccionario de manchas de la segunda parte del libro.

Apagadores

En el día a día, basta con pasar una franela de microfibra para quitar cualquier marca de dedos que haya quedado en los apagadores.

Para la limpieza a fondo, vale la pena desmontarlos y limpiarlos bien con estropajo y jabón lavatrastes neutro. Para evitar cualquier accidente, recuerda secarlos por completo antes de volver a montarlos.

Para no complicarte, toma fotos como te he contado en la página 92.

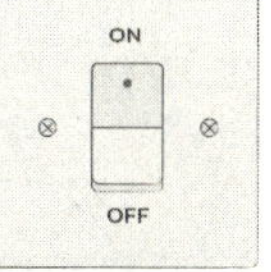

Cuadros

Para limpiar los cuadros basta con eliminar el polvo pasando un plumero. Si se ha acumulado mucho en el marco, puedes usar también una franela de microfibra humedecida con agua.

Aparatos electrónicos

Equipos de aire acondicionado

Es importante limpiar a fondo el aire acondicionado antes de encenderlo a principios de temporada y cuando lo apagamos definitivamente al finalizar. Si usas el aparato todo el año, también como bomba de calor, lo mejor es limpiarlo al menos cuatro veces.

El primer paso es quitar los filtros y limpiarlos bajo el chorro de agua de la llave sin restregar ni frotar, porque son muy delicados y podrían romperse.

Si están realmente sucios, puedes ponerlos en remojo con agua y jabón lavatrastes neutro o Fórmula mágica, pero siempre con mucho cuidado.

Si huelen mal, mójalos en agua oxigenada y móntalos sin esperar a que se sequen. Si el olor procedía del filtro, desaparecerá; si no, lo más probable es que el olor venga de otra zona de la máquina y, en ese caso, mi recomendación es que te pongas en contacto con un profesional.

La carcasa exterior del aire acondicionado se limpia con una franela de microfibra humedecida o, si ha amarilleado, puedes usar piedra blanca para devolverle un poco el color original.

Televisiones

Para retirar el polvo y las posibles marcas, usa una franela de microfibra especial de cristales ligeramente humedecida con agua. Nunca atomices sobre la pantalla directamente.

Limpiar plantas

Así es; las plantas de interior acumulan polvo igual que los muebles y, por lo tanto, también hay que limpiarlas.

La mejor forma de hacerlo, ya que, además de eliminar la suciedad, también erradica algunos de los hongos más comunes en este tipo de plantas, es disolver una cucharada de jabón potásico en agua templada y poner la mezcla, que no tiene que ser muy densa, en un atomizador. Rocía las hojas una a una y, a continuación, sécalas con un trapo de algodón.

Si la planta tiene hongos, te recomiendo que sigas el proceso una vez por semana; si no, puedes espaciarlo más. Esto también sirve si tus plantas tienen algunos bichitos.

Chimenea

Si tienes la suerte de tener chimenea en casa, ya sabrás que es una maravilla, pero también muy difícil de limpiar.

Lo primero que debes tener en cuenta para no desesperarte es que la de hollín es, en realidad, una mancha de grasa y debes tratarla como tal. Por eso, a la hora de limpiar el interior de la chimenea, opta por un desengrasante potente, por ejemplo, Fórmula mágica, amoniaco o algún producto específico. Frota bien con un estropajo suave y limpia con una franela. Ten en cuenta que todo lo que uses en este caso acabará muy sucio, así que elige franelas y estropajos viejos que puedas tirar después.

Otra opción es la piedra blanca, que, en este caso, te recomiendo no retirar con la esponja que trae el producto, sino también con un estropajo viejo.

En cuanto al exterior, puedes usar solo franela de microfibra y agua o un poco de jabón lavatrastes si está muy sucio.

Las recámaras

Aunque la mayor parte de las horas que pasamos en la recámara sea con los ojos cerrados, ¡eso no quiere decir que no haya que limpiarlos! En general, las recámaras comparten muchas características con el salón y otras estancias de nuestro hogar. Los muebles, las ventanas, las cortinas, los tapizados y demás se limpian como acabamos de describir. Sin embargo, aquí también encontramos algunos elementos característicos. Vamos a verlos.

Cabeceras

Existen muchos tipos de cabeceras, que se ensucian más o menos en función del material y también del uso que les demos.

Si tienes una cabecera de piel o tapizada, lo ideal es aspirarla una vez por semana.

Por otro lado, en función de tu pelo y tu piel, la zona donde apoyas la cabeza puede acumular manchas de grasa más o menos llamativas. Para eliminarlas, basta con pasar una franela de microfibra nueva humedecida en agua o en una mezcla de mitad agua y mitad amoniaco. Hazlo con suavidad y con la menor cantidad de pasadas posible; la idea es eliminar la mancha sin maltratar el material.

Si tu cabecera es de piel natural o sintética, también puedes aplicar Fórmula mágica.

Cama

La mejor forma de quitar el polvo de debajo de la cama es pasar un mechudo de microfibra al menos una vez por semana.

Si tienes poco espacio para maniobrar y no te cabe el palo del mechudo, el truco consiste en comprar un palo telescópico que puedas acortar y estirar una vez que esté en horizontal. Es un poco pesado, pero muy eficaz.

No te asustes si siempre te sale el mechudo muy sucio. Te aseguro que, por mucho que limpies, la zona de debajo de la cama acumula muchísimo polvo. Es de lo más normal.

Colchón

Si tu colchón tiene **manchas generalizadas**, prueba primero a limpiar con Fórmula mágica siguiendo las mismas instrucciones que ya te di con los sofás de tela. Hay que tener especial cuidado con los colchones viscoelásticos porque absorben todos los líquidos y tardan mucho en secar.

Si la mancha está **localizada** y la encuentras recién producida, lo mejor es aplicar bicarbonato generosamente y esperar a que absorba y seque. A continuación, cepilla la zona y termina aspirándola para retirar los restos de bicarbonato.

Si la mancha es de **sangre**, aplica bicarbonato con unas gotitas de agua oxigenada. Cepilla y deja secar durante media hora antes de retirar los restos. La **orina incrustada** también se va con esta mezcla, pero si no te funciona, podemos poner una capita fina de bicarbonato y atomizar vinagre blanco (es importante que sea muy poca cantidad).

Canapé

Personalmente, yo prefiero tener canapé debajo de las camas, ya que así te ahorras tener que limpiar el polvo del que acabamos de hablar y, además, ganas espacio de almacenaje.

Si tu canapé es tapizado, aspíralo siempre que aspires el suelo, para eliminar el polvo. Si es de madera u otro material duro, límpialo con una franela de microfibra humedecida con agua. También puedes eliminar cualquier roce con borrador mágico.

Clósets

El mejor momento para limpiar los clósets es al hacer el cambio de ropa de temporada, es decir, dos veces al año, al inicio del verano y al inicio del invierno. En la parte final del libro te explico cómo hacer el cambio de clóset de la forma más eficaz.

Vacía el clóset por completo y pasa una franela mojada en agua jabonosa. A continuación, limpia y seca muy bien antes de volver a meter la ropa.

Recuerda limpiar también los ganchos con la misma solución, porque, aunque no lo parece, también se ensucian mucho y pueden llegar a manchar la ropa.

Para evitar la aparición de polillas, pon laurel fresco en las prendas y zonas susceptibles de ser atacadas. Recuerda que las polillas se alimentan de tejidos naturales procedentes de animales: lana, piel de pelo (como el conejo, el visón, etc.), cachemir, alpaca o plumas. En contra de lo que muchas personas creen, las polillas no suelen comer algodón. Los agujeros que aparecen en este tipo de prendas se deben al roce, por ejemplo, con hebillas o botones, o a la mala calidad del tejido, pero normalmente no se deben a la presencia de polillas.

Si encuentras prendas dañadas por polilla en tu clóset, tienes que actuar. Vacíalo, límpialo con agua jabonosa y airea y cepilla bien todas las prendas de los materiales susceptibles. Si hay abrigos o chamarras, sacude el interior de los bolsillos. Después, guárdalo todo de nuevo poniendo laurel fresco en todas esas prendas. Cuatro o cinco hojas bastan para un edredón o manta. Para los abrigos, pon un par de hojas en cada bolsillo.

Recuerda cambiar el laurel más o menos cada tres meses y no te olvides nunca de ponerlo. Tengo comprobado que, aunque lleve años sin tener polilla en casa, en cuanto me olvido de ponerlo una vez, siempre vuelve.

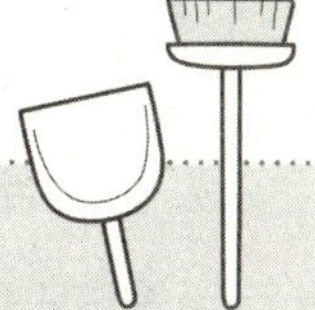

¡OH, NO! ¡TENGO CHINCHES!

Espero que nunca tengas la mala suerte de enfrentarte a una plaga de chinches, pero, por desgracia, son más habituales de lo que pensamos.

Las chinches son difíciles de detectar a simple vista porque prefieren la oscuridad y la quietud; lo que sí localizarás son sus picaduras, distintas a las de mosquito. Si sospechas que podrías tener chinches en casa y quieres confirmarlo, pon una luz en el suelo por la noche y deja un plato con agua al lado. Las chinches irán hacia la luz y las encontrarás ahogadas en el agua por la mañana.

Una vez que confirmes el problema, ármate de paciencia, porque no es fácil de solucionar. Mi primer consejo es que, si puedes permitírtelo, contactes directamente con un experto en plagas. Lo más seguro es que tengas que dejar tu hogar un par de días, pero es la forma más rápida y eficaz de acabar con el problema.

Si esa opción no es posible, pasa la aspiradora por todo el dormitorio por la tarde-noche. Haz hincapié en los rincones y pliegues del colchón, los cojines, las almohadas y cualquier recoveco. Una vez que hayas acabado de aspirar, mete la bolsa de la aspiradora en una bolsa de plástico y sal a tirarla al contenedor de inmediato. No la guardes en casa. A la mañana siguiente, echa un insecticida específico y ventila bien.

Repite el proceso cada día hasta solucionar el problema y, sobre todo, no te desanimes; es costoso, pero no es posible.

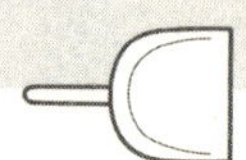

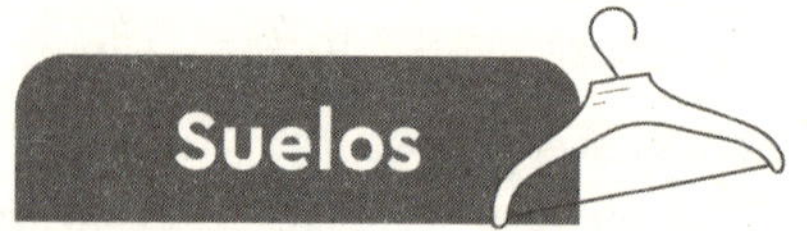

Suelos

El suelo es lo último que se limpia en todas las estancias. Los productos empleados dependerán mucho del material, pero el proceso siempre será el mismo.

Lo primero que hay que hacer es eliminar el polvo. Para hacerlo puedes pasar la aspiradora, que es la mejor solución, ya que se lleva el polvo y no lo cambia de sitio; pasar un mechudo de microfibra, que también atrapa el polvo; o, en última instancia, barrer.

No te recomiendo en ningún caso los mechudos de papel desechable, ya que incluyen sustancias oleosas que dejan un brillo muy atractivo, pero que, a la larga, crean una capa grasa sobre el acabado original.

NO OLVIDES EL ZOCLO

Aunque a menudo no nos fijemos en él porque nos queda un poco lejos, el zoclo es una de las zonas de nuestro hogar que más polvo y suciedad acumula; por eso, te recomiendo repasarlo al menos una vez por semana. En primer lugar, pasa la aspiradora con cuidado de no tocar la pared con ella para no dejar marcas y, a continuación, repásalo con una franela de microfibra humedecida con agua.

Si, por algún motivo, encuentras suciedad incrustada, sobre todo en las juntas, puedes usar fijador y frotar con estropajo azul. Recuerda enjuagar muy bien después con una franela para eliminar cualquier resto de fijador.

Una vez eliminado el polvo, aplica la solución adecuada para tu suelo. Como de costumbre, el fabricante será el que mejor pueda orientarte, así que te aconsejo que leas sus recomendaciones o que preguntes. En términos generales:

- **Madera:** Los suelos de madera son muy delicados y solo se friegan en momentos muy puntuales, no más de tres o cuatro veces al año. Para hacerlo, lo mejor es usar un limpiador neutro especial para madera, aunque también puedes disolver un vaso de vinagre en una cubeta de agua. Debes hacerlo al menos cuatro veces al año, porque la madera precisa que se le aporte humedad regularmente. Asegúrate de escurrir muy bien la fregona antes de cada pasada y ventilar bien el trapeador para que se seque lo más rápido posible.

  Si hay una mancha difícil, frota directamente con una franela de microfibra nueva humedecida. Si ha caído aceite, cubre la mancha con talco y deja actuar unas horas (incluso varios días) para que la absorba. Después, aspira o barre el polvo.
- **Mármol:** Puedes trapear el suelo de mármol con la frecuencia que quieras siempre que utilices productos neutros. A pesar de su apariencia, el mármol es un material delicado, por lo que no debes usar nunca vinagre, limón ni ningún otro ácido para limpiarlo, porque pierde el brillo natural y se daña.

- **Terrazo:** El terrazo es un material algo más duro que el mármol, pero también es delicado y poroso. Lo puedes fregar tan a menudo como necesites, pero mi recomendación es que utilices un producto neutro o, incluso, un poco de jabón lavatrastes. Si cae una mancha de grasa, aplica talco, como en los suelos de madera.
- **Azulejo:** El azulejo es el material más resistente para los suelos; se puede fregar con asiduidad y, en general, es difícil de dañar. Sin embargo, mi recomendación es que uses siempre un producto neutro para conservar el brillo original.

Cuando te pongas a fregar el suelo de cualquier estancia, debes seguir un orden. Empieza siempre por el lugar más alejado de la puerta y ve caminando hacia ella. Abre la ventana antes de empezar, para que se ventile y se seque lo antes posible.

Si estás fregando una superficie muy grande, cambia el agua cuando empiece a estar sucia o usa dos cubetas, una con jabón y otra sin, para enjuagar el trapeador.

4

Diccionario de manchas

Ya sea en la ropa o en otras superficies, las manchas son infinitas. Algunas sabemos perfectamente de qué son y otras... no tanto. Hay manchas que salen a la primera y otras que solo desaparecen después de varios intentos, aunque, al final, todo depende del origen de la mancha y del material donde esté.

Lo que viene a continuación es una lista necesariamente incompleta (¡ya hemos dicho que son infinitas!) de las manchas más habituales a las que nos enfrentamos cada día en nuestros hogares. En ocasiones verás que me refiero al causante de la mancha en sí y en otras, al material en el que se ha posado la mancha. Esto depende de cuál sea el factor limitante en cada caso; también lo hice así pensando en que todo sea fácil de encontrar.

Indicación básica: en adelante, cuando hable de un vaso, me referiré a la siguiente medida:

1 vaso = 250 ml

A

Acetona

La acetona es un disolvente suave que se usa habitualmente para quitar el esmalte de uñas, pero que puede decolorar tejidos y superficies. En el caso de los tejidos, siento decirte que no hay nada que hacer. Si la decoloración fue sobre una mesa de madera, puedes intentar curarla con una mezcla al cincuenta por ciento (mitad y mitad) de aceite y vinagre. Ponla en un dispensador para salsas, agítala bien y échala poco a poco sobre la mancha mientras frotas en círculos con una franela.

Albero

Ver *Barro.*

Alféizar

Ya tengas azulejos o algún tipo de piedra porosa, la mejor forma de limpiar los alféizares es disolviendo una cucharadita de jabón lavatrastes en un atomizador con medio litro de agua. Aplica y frota con estropajo o con un cepillo duro si la piedra es porosa. Enjuaga con agua sin empapar.

Anoraks de plumas

A la hora de lavar un anorak de plumas en casa lo primero que debes tener en cuenta es que suelen ser de material bastante impermeable, por lo que tienes que reducir mucho la cantidad de jabón que pones en la lavadora y hacer un enjuague muy largo para eliminar cualquier rastro de este. Además, para evitar que las plumas se apelmacen, añade tres pelotas de tenis al tambor. Si lo secas en secadora, ponlas ahí también.

Si se te pasó hacerlo así y se te apelmazó, vuelve a lavarlo con las pelotas y mejorará muchísimo.

Una vez limpio, asegúrate de que está bien seco antes de guardarlo, sobre todo si lo vas a doblar. Debe airearse un mínimo de veinticuatro horas, pero nunca cerca de una fuente de calor.

Si, a pesar de todo, han quedado zonas apelmazadas, extiéndelo sobre una superficie dura y golpéalas con la palma de la mano durante unos minutos. Ve repitiendo el proceso unas cuantas veces hasta que recupere la forma original.

Arañazos en la carrocería

Las marcas y rayones pequeños en la carrocería del coche se pueden disimular e incluso reparar aplicando una de estas cuatro soluciones: piedra mágica, borrador mágico, frotando con un trapo mojado en gasolina o, aunque parezca increíble, echando fijador directamente sobre el arañazo y limpiarlo con una franela con agua.

Si son marcas muy profundas o visibles, el único remedio es pasar por el taller. Haz siempre pruebas en sitios no visibles porque son materiales abrasivos y podrían arañarlo más o comerse el color.

B

Barro

A diferencia de lo que sucede con la mayoría de las manchas, en las que lo mejor es actuar en el momento, con el barro lo que hay que hacer antes de nada es esperar a que esté bien seco; de lo contrario, lo único que conseguiremos es que penetre más en el tejido y cueste mucho más limpiarlo.

Cuando el barro esté bien seco, lo cepillamos con fuerza con un cepillo limpio hasta que no quede rastro de polvo. A continuación, aplicamos Fórmula mágica sobre la mancha que haya quedado, cepillamos de nuevo para que el líquido penetre en la fibra y ponemos en la lavadora.

Si no tienes Fórmula mágica, también puedes poner la prenda en remojo unas horas con jabón lavatrastes, amoniaco o percarbonato (¡una de las tres cosas, no las tres!) antes de meter en la lavadora.

Si lo que se ensució es un tejido más bien impermeable, como el de unos tenis o unos zapatos, entonces sí podemos mojar un poco y cepillar, porque en este caso no hay peligro de que el barro se cuele en el tejido. Si deja mancha o creemos que puede dejarla, extendemos un poco de jabón lavatrastes y cepillamos, en este caso con el cepillo seco para no hacer espuma de más.

Betún

Las manchas de betún son una mezcla de mancha de grasa y tinte que cuesta mucho eliminar. Para estos casos lo mejor es aplicar fijador y poner la prenda a lavar de inmediato. Si no tienes fijador, puedes usar insecticida.

Si después de quitar la mancha aún queda algo de sombra, esta desaparece aplicando una pasta de percarbonato y agua. Déjala actuar media hora y pon la prenda a lavar.

Brochas de maquillaje

Para limpiar las brochas de maquillaje aplica primero un poco de desmaquillante en las puntas. A continuación, mójalas con una mezcla muy líquida de agua y jabón lavatrastes o jabón de manos, procurando que no llegue a la base de las cerdas, y, a continuación, enjuágalas bien con agua presionando de forma ligera sobre la palma de la mano. Después, escúrrelas con cuidado y ponlas a secar procurando que no se deformen.

Burbujas de jabón

Si tienes niños en casa y alguna vez les has comprado un frasco para hace burbujas, puede que hayas notado que el jabón que llevan para hacer las burbujas deja manchas sobre la ropa. La mejor forma de eliminar esas marcas es poner la ropa en remojo toda la noche en agua con una cucharadita de jabón en escamas y, a continuación, lavar de la forma habitual en lavadora.

Si la mancha no sale, cúbrela con una pasta de percarbonato y agua, deja actuar entre media hora y una hora, y vuelve a lavar en lavadora. Estas manchas pueden llegar a ser muy resistentes, así que quizá tengas que repetir con el percarbonato más de una vez.

Cemento

Después de hacer reformas en casa, a veces encontramos restos de cemento en las superficies. La forma más sencilla de quitarlo es aplicar fijador y limpiar bien con una franela de microfibra. Si lo que necesitas es eliminar cemento de ropa de trabajo, la solución es la misma: aplica fijador, cepilla bien y pon la prenda en la lavadora. Si no tienes fijador, puedes usar insecticida, pero recuerda enjuagarlo con agua jabonosa.

Cera

La cera de vela desaparece de tejidos y superficies aplicando alcohol y arrastrando con un cuchillo romo o el borde de una cuchara. Si se te resiste o si ha penetrado en el tejido, puedes aplicar fijador, cepillar bien y luego enjuagar con agua, si es una superficie, o poner la prenda a lavar. A veces, después de lavar, la cera desaparece, pero queda un cerco de grasa que tendrás que quitar siguiendo las indicaciones de la página 180.

La cera de depilación sale muy bien con alcohol o fijador.

Las manchas de ceras de colores que se usan para pintar son, en realidad, manchas de grasa. Sigue las indicaciones de la página 180 para acabar con ellas.

Cercos

Cuando hablamos de cercos nos referimos a esas marcas por lo general circulares que aparecen en los tejidos sin que sepamos muy bien por qué, aunque casi siempre son restos de jabón, marcas de agua o restos de manchas. Los más habituales son estos:

- **Cercos en zapatos de piel.** Suelen aparecer por acción del agua de lluvia, que, al calar, se acumula en la puntera y deja una marca. Para eliminarlos la solución es hidratar la zona con un buen betún o crema Nivea. La solución es la misma si el cerco es de moho. Aunque parezca contraproducente, porque el moho ha crecido a causa de la humedad, una buena hidratación hará que desaparezca.
- **Cercos en zapatos de ante.** Esta solución parece magia, pero no lo es. Para quitar un cerco de agua de lluvia en unos zapatos de ante basta con frotar con goma de borrar y cepillar.
- **Cercos en la ropa después de lavarla.** Si al sacar la ropa de la lavadora ves que han aparecido cercos amarillentos que antes no estaban, casi seguro estás usando un exceso de jabón o de suavizante. En la siguiente lavada, reduce a la mitad el jabón, prescinde del suavizante y añade un vaso de vinagre de limpieza en el tambor.

  Si los cercos son más bien grisáceos, oscuros o amarronados, el problema es que estás llenando demasiado el tambor de la lavadora y se ha dañado el eje. En este caso, hay que curar la lavadora. Para hacerlo, pon un vaso de cloro en el tambor y medio vaso más en el depósito del detergente. A continuación, haz un lavado de una hora sin ropa a 40 °C.

Eliminar este tipo de cercos de la ropa es complicado, ya que se trata de manchas de grasa. Si la ropa es blanca, la mejor solución es el cloro. Si no es blanca, aplica cualquiera de las soluciones que explico para eliminar manchas de grasa. Es muy probable que tengas que repetir más de una vez para quitarlas del todo.

- **Cercos por desgaste.** A veces, en ropa infantil, acortamos los bajos de los pantalones y los vamos alargando a medida que los niños crecen. Esto hace que la parte que hasta entonces había estado escondida tenga un color distinto de las perneras. Para intentar unificar el tono, puedes sumergir la parte nueva en vinagre durante una hora y después lavar la prenda del revés con un vaso de vinagre en el tambor. Es posible que tengas que repetir el proceso varias veces.

Césped

Como sucede con las manchas de barro, el césped penetra en los tejidos y cuesta bastante eliminarlo. La solución más eficaz consiste en aplicar Fórmula mágica, cepillar a fondo para que el líquido impregne bien la mancha y meter en la lavadora.

Si no tienes Fórmula mágica, puedes frotar la mancha con jabón en barra, untarla con jabón Zote o aplicar una pasta de bicarbonato y lavatrastes (¡solo una de las tres cosas, no todas!). A continuación, pon la prenda a lavar.

Chicle

El remedio tradicional contra el chicle pegado, ya sea en la ropa, en tapicerías o en el pelo, que también pasa, es aplicar hielo para que se enfríe y, a continuación, despegar con la ayuda de un cuchillo romo o el canto de una cuchara.

Sin embargo, en este caso, mi querido fijador también es muy buena solución: aplícala y retírala con la ayuda de un cuchillo romo o el canto de una cuchara. Eso sí, una vez despegado, lava la prenda de inmediato o enjuaga la zona con una franela de microfibra con agua.

Si el chicle está pegado en el pelo, lo mejor para quitarlo es aplicar aceite.

Correas de reloj de silicón

La mayoría de los relojes inteligentes o pulseras de actividad que tan comunes son hoy en día llevan correas de silicón u otros materiales plásticos que, con el tiempo y el uso, se ensucian y pierden su aspecto original. Para intentar recuperar su esplendor puedes limpiarlas con borrador mágico o piedra blanca. Eso sí, vas a necesitar mucha paciencia, porque tendrás que insistir. Si tu correa es blanca o transparente, también es recomendable ponerla al sol durante un día entero. Recuerda desmontarla antes, ya que el calor podría estropear la electrónica del reloj.

D

Decoloraciones en tejidos

La decoloración en tejidos es uno de los problemas más complicados de solucionar, ya que, una vez que desaparece el color, hay muy pocas formas de recuperarlo. Esto lo sabrás de sobra si alguna vez te has manchado con cloro o con la sustancia para decolorar el pelo que se usa en las estéticas.

Aun así, quiero proponerte un par de remedios para estos casos.

Si la mancha o salpicadura es muy pequeña o está en una zona escondida, quizá puedas disimularla con un plumón permanente de un color similar al del tejido. Si no, la mejor opción es teñir de nuevo la prenda, pero, antes de hacerlo, asegúrate de decolorarla por completo para que el resultado sea uniforme. En el mercado existen productos que pueden ayudarte en el proceso.

Si el decolorado lo ha causado el sol, algo que puede suceder con prendas oscuras, puedes intentar unificar el tono de la prenda añadiendo un vaso de vinagre y dos puñados de sal en el tambor de la lavadora. Si después de repetir este proceso tres o cuatro veces no ves mejoría, lamento decirte que tendrás que dar la prenda por perdida.

UN RAYITO DE ESPERANZA

Aunque esto hay que tratarlo con pinzas, y ni siquiera puedo explicarte por qué funciona, tengo un par de seguidoras en Instagram que lograron salvar manchas de cloro actuando de inmediato con fijador y lavando la prenda al momento. Como ya te he dicho, no te puedo garantizar la eficacia, pero por probar no pierdes nada...

Desteñidos

Cuando hablo de desteñidos no solo estoy pensando en el clásico accidente causado por una prenda de color que se cuela en un paquete de ropa blanca, sino también en los causados por el roce de prendas de un color oscuro sobre otro claro, los que aparecen al mojar una prenda que tiene distintos materiales o distintos colores, los causados por el jabón en prendas con tintes naturales o poco estables... En fin, como seguro sabes, desteñidos los hay de muchos tipos y podrían definirse como manchas causadas por colores (tintes) de un tejido que se desplazan a otros tejidos por roce o por la acción del agua.

EL TRUCO DE BEGO: TOALLITAS ANTITRANSFERENCIA

Una forma sencilla de prevenir desteñidos durante los lavados, además de separar la ropa por colores y hacer caso de las etiquetas (ver p. 241), consiste en usar toallitas antitransferencia, que se encuentran con facilidad en cualquier supermercado. Si estás lavando mucha ropa o si hay una prenda que sabes que desprende color y es muy grande, pon más de una toallita en el tambor.

Para saber si una prenda destiñe, lo mejor es ponerla en remojo en agua fría durante toda la noche. Si por la mañana el agua ha agarrado color, puedes estar segura de que esa prenda destiñe.

Una cosa que debes tener clarísima es que con los desteñidos no vale lavar la ropa con normalidad «a ver si se quita»; hay que actuar. Por suerte, hay muchas formas de tratar los desteñidos, así que vamos a verlas una a una:

- **El método tradicional.** Si la prenda desteñida se puede mojar y, además, tolera bien las temperaturas altas, hay un método tradicional para eliminar los desteñidos que consiste en poner agua al fuego con laurel fresco (unas diez hojas por prenda desteñida) o papas peladas (unas tres o cuatro papas por prenda desteñida) y hervir durante unos cinco minutos. Una vez hecho esto, retiramos del fuego, introducimos las prendas desteñidas en esa agua, dejamos que reposen unas diez horas y las lavamos con jabón a 30 °C durante una hora y media.

  Si la prenda desteñida no soporta temperaturas altas, espera a que el agua se haya enfriado antes de meter la ropa. Recuerda que, en general, el algodón no encoge en agua caliente.

  Ten cuidado con este método, ya que el laurel puede dejar, a su vez, manchas marrones en las prendas. Si esto pasa, haz el lavado posterior sin jabón, pero echando un vaso de vinagre en el tambor.

- **El método Ordenatriz.** Que, como seguramente ya habrás adivinado, es el fijador. Como ya hemos explicado, es un buen desincrustante, y un desteñido no deja de ser una mancha incrustada. Así que, si la prenda puede ir a la lavadora, mi recomendación es que cubras bien de fijador el desteñido por el derecho y el revés de la prenda y la pongas en la lavadora enseguida a 30 °C durante una hora y media.

Si no desaparece del todo, puedes repetir o usar insecticida. Aplica por el derecho y el revés de la prenda y ponla en la lavadora de inmediato añadiendo jabón en el depósito y un vaso de vinagre en el tambor. Lávala a 30 °C durante una hora y media.

El fijador también sirve para eliminar los desteñidos de las zonas axilares de camisas y playeras, basta con aplicarla antes de meter la prenda en la lavadora. También los previene en prendas con tintes y tejidos naturales, como el macramé o los bordados tradicionales; en este caso, echa fijador sobre las zonas conflictivas, agrega un vaso de vinagre en el tambor de la lavadora y haz un lavado a 30 °C (o lo que tolere la prenda) durante una hora y media, sin jabón.

Por último, el fijador también previene que una prenda te destiña sobre la piel. Aplica un poco de fijador en el interior de la prenda antes de ponértela y problema resuelto.

CUIDADO CON LAS FRANELAS

Como ya habrás visto, a lo largo del libro usamos muy a menudo franelas de microfibra para limpiar o retirar manchas en tejidos. Antes de usar cualquier franela, sobre todo si has cambiado de marca, asegúrate de que no destiñe al mojarla; podrías llevarte una sorpresa desagradable.

A veces, hay etiquetas cosidas en las prendas, por ejemplo, en jeans o bolsas, que destiñen al lavarlas, al mojarse o, sencillamente, por el roce. Mi primera recomendación es que las quites, sin más. Muerto el perro, se acabó la rabia. Ahora bien, ¿qué pasa si ya han desteñido o si no las puedes quitar?

- Si ya tienes ahí el desteñido, **aplica fijador sobre la zona afectada** y frota bien con una franela de microfibra hasta que desaparezca. A continuación, limpia los restos de fijador con una franela de microfibra con agua o, si se puede, mete la prenda a lavar enseguida.
- Si no puedes quitar la etiqueta, sigue esta rutina para lavarla: **aplica fijador sobre la zona adyacente a la etiqueta problemática** y mete a lavar de inmediato añadiendo un vaso de vinagre en el tambor. Así evitarás accidentes.

Si conseguiste eliminar parte del desteñido, pero aún queda un halo, puedes acabar con él aplicando una **pasta de percarbonato y agua sobre la mancha.** Déjala actuar media hora y luego pon la prenda a lavar.

Si has desteñido un paquete de ropa entero por un descuido (ya sabes, la típica prenda de color que se cuela en una lavadora de blanco) **puedes encontrar en el mercado productos para quitar desteñidos que funcionan bien en lavadora** y son eficaces para grandes cantidades de ropa, mucho mejor si es blanca. Para usarlos basta con seguir las instrucciones del fabricante.

RECLAMAR ES UNA OPCIÓN

Si te compraste una prenda de ropa, la lavaste siguiendo las indicaciones del fabricante y, aun así, se destiñó sola (por ejemplo, la etiqueta manchó la zona adyacente o, en una prenda de rayas blancas y de otro color, el color se desplazó), mi recomendación es que hables con el comercio donde la hayas adquirido.

Unas veces te podrán dar una solución y otras no, pero es importante que tanto quien fabrica las prendas como quien las vende sepa la calidad real de los materiales con los que trabaja.

EL TRUCO DE BEGO: UN POCO DE HIELO

Este método funciona muy bien en zonas pequeñas, por ejemplo, desteñidos causados por el roce de una prenda con otra o movimientos en el color después de lavar unos tenis en la lavadora. El truco es tener muchísima paciencia y frotar bien con un cubito haciendo movimientos circulares (y no, por si lo estás pensando, no vale congelar la prenda; no funciona). Asegúrate de agarrar el hielo con un trapo para no quemarte los dedos y de insistir si notas que va habiendo mejora. Si el hielo no funciona, aplica fijador como hemos explicado arriba.

Dulces

Aunque hay dulces todo el año, estos suelen convertirse en un problema, por motivos obvios, después del carnaval de Reyes. Ya estemos hablando de trozos de dulce pegados en las suelas de los zapatos como de ese dulce a medio comer que acaba mágicamente en un bolsillo, la solución consiste en aplicar fijador, arrastrar con un cuchillo romo o el canto de una cuchara y enjuagar con agua abundante.

Electricidad estática

Sí, ya sé que esto no es una mancha, pero no podía dejar pasar la oportunidad de explicarles cómo evitar que la ropa, sobre todo los tejidos sintéticos, se te pegue al cuerpo por culpa de la electricidad estática.

En primer lugar, si sabes que tienes una blusa o un vestido que se te pega a la piel, procura ponértelo estando aún descalza para minimizar el problema. A continuación, con la prenda ya puesta, sepárala del cuerpo y rocía un poco de fijador por dentro manteniendo el frasco lo más lejos posible de la tela. Si a lo largo del día ves que el truco va perdiendo efecto, humedécete las manos y roza la prenda por dentro para humedecerla también un poco.

F

Férulas dentales y dentaduras postizas

Aparte de la rutina de limpieza que tengas establecida para tu férula o dentadura postiza, y que te habrá recomendado tu dentista, puedes hacer una limpieza a fondo puntual de la siguiente manera. Llena un vaso con agua y vinagre alimentario de color claro al cincuenta por ciento (mitad y mitad) y añade una cucharada de bicarbonato. Cuando deje de burbujear, introduce ahí la férula o dentadura. Deja que repose durante toda la noche y enjuágala muy bien antes de volver a ponértela. Esta solución no solo limpia, sino que también blanquea un poquito, pero recuerda que no la puedes usar como rutina de limpieza.

PARA CUIDAR LOS DIENTES... ¡NO INVENTES!

Esto, más que un consejo, es una advertencia, porque, después de pasar mucho tiempo en Instagram, he visto por ahí cosas que me han asustado un poco.

Para cuidarte los dientes lo único que tienes que hacer es lavarlos un mínimo de dos minutos tres veces al día con una buena pasta dental, blanqueante o no según tus necesidades. Si tienes alguna necesidad especial o quieres hacerte un blanqueamiento, acude al dentista, pero en ningún caso pruebes trucos caseros sobre los dientes. En este caso estamos hablando de salud y con la salud no se juega.

Gasolina

Si te manchaste al ir a la gasolinera, cubre la mancha de gasolina con una pasta de bicarbonato y jabón lavatrastes, deja que repose media hora y lava la prenda. Desaparecerán tanto la mancha como el olor.

Gel antibacterial

El gel antibacterial, que muchos ni conocíamos antes de la reciente pandemia de coronavirus, se ha convertido ya en un elemento cotidiano tanto en casas como en establecimientos de todo tipo. Su utilidad contra los virus es indiscutible, pero, por desgracia, y como quizá has comprobado, también resulta muy agresivo sobre algunas superficies y tejidos. Vamos a ver cómo podemos solucionar sus estragos.

- **Piel.** Bolsas, chamarras, zapatos y otras prendas de piel han sido víctimas de salpicaduras de gel antibacterial. Para eliminar la mancha tienes dos soluciones: aplicar fijador y limpia bien con una franela de microfibra con agua o aplicar agua micelar con una franela de microfibra. El problema muchas veces viene después, porque el gel puede dejar una marca blanquecina u oscura, dependiendo del caso, sobre la piel.

  La solución es hidratar bien toda la pieza aplicando crema Nivea en la zona afectada con la ayuda de una franela de microfibra. Hazlo en poca cantidad, para que la superficie no quede pegajosa, y espera cuarenta y ocho horas antes de volver a aplicar para dejar que actúe y ver los resultados. Si la piel ha perdido color, puedes mezclar la crema con un poco de betún del tono adecuado. En caso extremo, si no sale, la única solución es volver a teñir toda la pieza.

- **Piel sintética.** Actúa igual que si fuera piel natural.
- **Ante.** Si la mancha es reciente, cúbrela con talco y deja que actúe durante 3 días. Si se trata de una mancha antigua, deja que haga efecto durante al menos una semana. Mi recomendación es que tomes una fotografía antes de hacer nada para comprobar si la mancha está saliendo. Si al retirar el polvo la mancha sigue ahí, pero ha bajado de intensidad, repite la operación y deja el polvo dos semanas. El fijador también es eficaz en estos casos, pero el ante es un material delicado, así que no olvides hacer una prueba antes de lanzarte, por si acaso.
- **Madera.** Aplica fijador y limpia bien con una franela de microfibra con agua.

EL FIJADOR QUITA EL FIJADOR

Habrás leído ya un montón de veces a lo largo del libro que el fijador hay que enjuagarlo con agua. Ya sé que soy una pesada, pero es que no creerías la de veces que seguidoras mías de Instagram han tenido accidentes por culpa de no limpiar el fijador de la forma adecuada. Nos encanta el fijador, es supereficaz, pero hay que limpiarla bien siempre.

Si, a pesar de todo, se te ha pasado y tienes una mancha de fijador, puedes quitarla echando más fijador. Eso sí, ¡enjuágala bien!

Por desgracia, si el fijador se comió el color de la superficie, siento decirte que ahí no hay nada que hacer.

- **Mármol.** Para eliminar manchas de gel antibacterial en mármol hay tres soluciones. La menos agresiva es probar con jabón lavatrastes y estropajo; si no sale, puedes recurrir a la piedra blanca; si esto tampoco te funciona, la opción que tienes es un producto específico llamado Bálsamo Renovador Mármol Louis XIII, que es el que usan los profesionales de la restauración (y no, por si te lo estás preguntando, no me patrocinan).
- **Ropa.** En general, el gel antibacterial sale bien de la mayoría de las prendas de ropa, pero, si se te resiste alguna mancha, mete la prenda en cuestión en la lavadora en primer lugar, echa un vaso de vinagre encima de la mancha y acaba de llenar el tambor con el resto de la ropa que tengas, y pon un lavado normal.

Grafitis

Los grafitis en paredes y fachadas tienen fama de ser muy difíciles de quitar, pero te puedo asegurar que más de una de mis seguidoras ha conseguido deshacerse de ellos con nuestro querido fijador. Aplícala sobre la pintura, frota bien con un cepillo de cerdas duras o estropajo verde, y limpia con una franela con agua abundante. Si ves que la pintura se afloja pero no acaba de salir, repite el proceso con insecticida y enjuaga con agua jabonosa. Esto funciona sobre todo tipo de materiales duros, incluido el mármol, aunque, en este caso, hay que actuar con rapidez y enjuagar bien.

Grasa

Hablar de manchas de grasa es entrar en un terreno muy amplio que incluye, por supuesto, el aceite, pero también las salsas de todo tipo y también grasa industrial, como la que se usa para engranajes, cadenas de bici, etc. Son manchas que a veces no detectamos al momento porque nos rozamos o salpicamos sin darnos cuenta, sobre todo si nos caen en una bolsa o en los zapatos, pero que pueden eliminarse con paciencia. Dependiendo del material donde se posen las trataremos de forma distinta.

- **Piel.** Ya sea en una bolsa, unos zapatos, un sofá o cualquier superficie de piel, la mejor forma de eliminar la grasa de este material es frotar con una franela de microfibra con agua micelar y, a continuación, hidratar la zona con crema Nivea, que hay que aplicar un día sí y un día no hasta unificar el tono.

- **Ante.** Frota la mancha con jabón en barra en seco y deja que actúe durante media hora. A continuación, frota bien con una franela de microfibra con agua hasta eliminar todo el jabón para que no quede cerco.
- **Tejidos.** Dependiendo del tiempo que tengas y del tipo de tejido, hay distintas soluciones.

  - Como la grasa es un material denso, tarda un poco en penetrar en los tejidos, por lo que vale la pena aprovechar esto en nuestro favor. Si puedes, frota la mancha con hielo justo después de hacértela. Si no tienes hielo, puedes aplicar agua muy fría con una franela de microfibra o, si no tienes nada más, con una servilleta de papel (que sea blanca, porque las de color destiñen). Aunque no consigas eliminar la mancha con esto, que a veces sí lo harás, habrás evitado que se fije en el tejido. No uses agua caliente, pues conseguirías el efecto contrario.
  - Si la mancha es reciente, cúbrela con talco, déjalo entre 24 y 48 horas, y cepilla. Esto también sirve si no estás en casa, pero puedes echar talco al momento; cuando llegues a casa y te quites la prenda, echar más talco y déjalo en reposo, pero mientras tanto habrá ayudado a que la mancha no penetre más.
  - Si la mancha no es reciente y la prenda se puede lavar, ponla una hora en remojo con agua y una cucharadita de jabón en escamas. A continua-

ción, lávala de la forma habitual. Si no sale, repite, pero dejando la prenda toda una noche en remojo.

- Cuesta más quitar las manchas de aceite y grasa en ropa oscura. Para estos casos, te recomiendo que frotes la mancha en seco con jabón en barra, que lo dejes actuar media hora, lo humedezcas un poco con los dedos mojados, frotes para aflojarla y metas la prenda en la lavadora. Si la prenda no se puede lavar, limpia con una franela de microfibra y agua.
- En última instancia, y si nada más funciona, aplica un chorro de amoniaco sobre la mancha y pon la prenda a lavar.
- En el mercado existen aerosoles de talco para este tipo de manchas. Si recurres a ellos, asegúrate de aplicarlo siguiendo las instrucciones y desde lejos, ya que, a veces, el propio aerosol puede dejar un cerco mucho más difícil de quitar que la mancha original.

CUANDO NO SOLO TE LLEVAS LA MANCHA

Hay algunos tejidos, como las tapicerías, las alfombras o el ante, que, con el uso, adquieren una pátina de polvo y suciedad superficial que no detectamos porque es totalmente uniforme y no resulta llamativa. El problema viene cuando cae una mancha especial, por ejemplo, de grasa, y nos ponemos a limpiarla.

En estos casos, al llevarnos la grasa, nos llevamos también la capa de suciedad superficial y el resultado es que vemos un **cerco** que no es tal, sino simplemente que hemos dejado una zona más limpia que el resto. Cuando pasa esto, la única solución es limpiar toda la superficie para unificar.

Lo mismo sucede con los zapatos, que a veces, al quitar una mancha de uno, este queda de un color ligeramente distinto al de la pareja. En estos casos toca hacer lo mismo: limpiar el otro zapato para que vuelva a hacer juego con su compañero.

Huevo

La mancha de yema de huevo frito puede resistirse a salir dependiendo del tejido sobre el que se haya posado. Para eliminarla lo mejor es frotar en seco con jabón en barra, dejar actuar media hora y limpia muy bien con un cepillo de uñas o una franela de microfibra y agua.

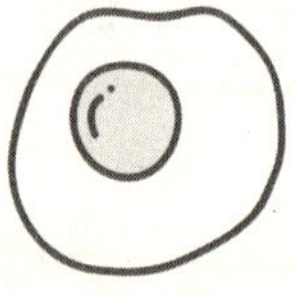

J

Juntas de silicón

Las juntas de silicón que se aplican en la cocina y el baño para fijar las piletas o las mamparas tienden a amarillear con el paso del tiempo. Puedes intentar blanquearlas con una mezcla de percarbonato y agua, pero, si no mejoran, la única solución es sustituirlas.

L

Lana que suelta pelusa

Si tienes suéteres u otras prendas de lana que desprenden pelusa, te propongo un par de soluciones. La primera consiste en lavar en lavadora —en este caso, ten mucho cuidado con la temperatura— añadiendo un vaso de vinagre, dos puñados de sal y un trozo de esponja para que recoja las bolitas. La segunda solución consiste en poner la prenda en el congelador, dentro de una bolsa hermética, y dejarla ahí tres días. Te advierto que no siempre funciona, pero no pierdes nada por probar.

M

Manchas de comida

Con manchas de comida me refiero a esos alimentos que dejan manchas de colores llamativos, como, por ejemplo, el jitomate frito, la fruta, los aguacates, la cúrcuma, el *curry...*, seguro que ya entiendes a qué me refiero. Como siempre, la forma de actuar dependerá del tejido.

- **Tapicerías, asientos de coche y otros tejidos que no se pueden lavar.** Dependiendo de lo que tengas a mano, puedes optar por distintas soluciones:

  - Frotar con jabón en barra, dejar actuar media hora y limpiar con una franela de microfibra y agua hasta eliminar todo el jabón.
  - Extender con los dedos una capa de jabón lavatrastes y poner un poco de bicarbonato para hacer una pasta, dejar actuar media hora y limpiar con una franela de microfibra y agua hasta eliminar todo el jabón.
  - Si tenemos tiempo, cubrir con talco y dejar un mínimo de doce horas. Si no sale, dejar más tiempo. Aunque parezca mentira, yo he visto con mis propios ojos desaparecer una mancha enorme de salsa de mejillones sobre un sofá antiguo usando este método. No quedó ni rastro.

- **Ropa.** Pon una capa fina de bicarbonato sobre la mancha en cuestión y añade agua oxigenada. Si temes por el color de la prenda, mójala antes de echar el bicarbonato. Deja que actúe durante media hora y vuelve a lavar. Si la prenda es blanca, puedes hacer lo mismo, pero con una pasta de percarbonato y agua. Si no sale, repite el proceso hasta que salga.

LA ROPA DE BEBÉ

Por motivos obvios, la ropa de bebé es la que más suele mancharse de comida y estas manchas pueden ir acompañadas, además, de fluidos corporales. Para asegurarte de quitarlo todo de una vez, aparte de la solución de bicarbonato con agua oxigenada, puedes poner toda la ropa del bebé media hora en remojo con agua tibia y media cucharadita de jabón en escamas por prenda antes de meterla en la lavadora.

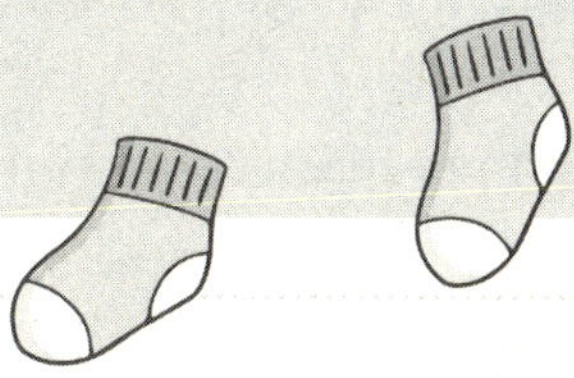

Manchas de guardado

Seguro que te ha pasado. Vas a sacar el mantel de las grandes celebraciones, o las toallas de la abuela, o la ropa de bebé de tu hijo mayor para prestársela a esa amiga que acaba de dar a luz y ves unas manchas, casi siempre amarillentas, que jurarías que no estaban ahí cuando guardaste las prendas. Son las famosas manchas de guardado, que **suelen resultar mucho más visibles y llamativas en ropa blanca.**

Antes de ver cómo se quitan, vamos a hablar de qué son para que sepas cómo enfrentarte a ellas. Las manchas de guardado tienen, en general, dos orígenes distintos:

- **Grasa.** A veces, hay manchas de grasa que parece que han desaparecido con las lavadas, pero, en realidad, una parte ha penetrado en el tejido y se ha *escondido*. Lo que sucede después es que, al guardar la prenda, esa mancha vuelve a aparecer.
- **Jabón.** A menudo, usamos más jabón del necesario (yo misma lo hago mucho) y ese exceso de detergente, que no se ve a simple vista, se oxida con el paso del tiempo y se convierte en mancha.

Por eso, una buena manera de evitar las manchas de guardado es asegurarnos de tratar bien las de grasa antes de guardar las prendas y usar solo las cantidades de jabón recomendadas y necesarias.

Pero ¿qué pasa si llego tarde con la recomendación? No pasa nada, todo tiene solución.

Si la mancha es de detergente en ropa blanca, lo mejor es usar percarbonato, ya que su oxígeno activo desincrusta y, además, tiene capacidad blanqueante. Haz lo siguiente:

- Pon la ropa que tengas que tratar en remojo con agua caliente (lo ideal son unos 40-50 °C, pero comprueba la temperatura máxima que tolera el tejido que estés tratando). A continuación, añade una medida de percarbonato, que dependerá de la cantidad de ropa que estés tratando, y media medida de detergente. Déjala dos horas.
- Una vez pasado el tiempo de reposo, mete la ropa en la lavadora (o enciéndela si has seguido el paso anterior con la ropa ya introducida) sin añadir nada más. Haz un lavado de, al menos, una hora y media.
- Puedes usar esta misma técnica para blanquear prendas que, por el motivo que sea, hayan perdido su tono original y estén amarillas o grises.
- Si tienes manchas de guardado por exceso de jabón en prendas de color, las puedes tratar del mismo modo con percarbonato, pero te recomiendo que hagas una prueba en una zona poco visible para asegurarte de que no las dañas. Por lo general, aunque el percarbonato blanquea, respeta

bastante el color si se hace un uso muy puntual en manchas concretas.

EL TRUCO DE BEGO: REMOJO EN LAVADORA

Cuando te dije que pongas la ropa en remojo, seguramente pensaste en una vasija o incluso en la tina. Y son dos formas perfectas de hacerlo, pero la más cómoda consiste en usar la lavadora misma. Lo único que tienes que hacer es seleccionar un programa largo y la temperatura adecuada. Mete la ropa, pon el detergente y los productos que desees, y enciéndela. Una vez que veas que se vacía el depósito y que entra el agua en el tambor, para la máquina y deja que la ropa repose el tiempo adecuado.

Si estás segura de que esa mancha de guardado es de grasa, haz lo siguiente:

- Pon la ropa en remojo en agua con un par de cucharaditas de jabón en escamas y déjala un mínimo de 10 horas (toda la noche). Recuerda que el jabón en escamas espesa mucho, así que no te pases.

- Lava la ropa de forma habitual.
- Si después de esto la mancha se aflojó, pero no acaba de salir, trátala con percarbonato como expliqué con las manchas de jabón.

EL TRUCO DE BEGO: LLEVA UN REGISTRO

Las manchas de guardado pueden ser muy difíciles de quitar y pueden requerir más de dos o tres intentos (hay cosas que yo he tenido que lavar hasta cinco veces para conseguir que salieran las manchas). Sin embargo, con cada intento las manchas se van aflojando, por lo que mi recomendación es que fotografíes la prenda antes y después de cada lavada para ver cómo evoluciona y comprobar que estás progresando.

Recuerda también lo que dijimos sobre la relación costo-beneficio en estos casos. Quizá valga la pena lavar ocho veces el mantel de la abuela, porque le tienes cariño y lo quieres conservar, pero no esa funda de almohada básica que compraste en un bazar.

Maquillaje

La forma más sencilla de eliminar el maquillaje de los tejidos es aplicando agua micelar en la mancha antes de lavar la prenda. Si la mancha está sobre un tejido que no se puede lavar, por ejemplo, una tapicería, o si estás intentando eliminarla en el momento, frota bien el agua micelar con una franela de microfibra nueva. Si la mancha persiste, sumerge la prenda en agua caliente con percarbonato durante media hora antes de ponerla a lavar.

Con el maquillaje también funciona muy bien aplicar alcohol y frotar con una franela de microfibra.

Si no sale la mancha, aplica una pasta de percarbonato y agua, deja actuar media hora y pon la prenda a lavar. En última instancia, si nada más funciona, aplica fijador y pon la prenda a lavar de inmediato.

Marcas en las plantillas de las sandalias

Seguro que, si usas sandalias habitualmente, sabes de lo que hablo. Me refiero a las marcas que dejan nuestros propios pies sobre las plantillas de las sandalias, visibles sobre todo cuando nos las quitamos, y que las provoca nuestra propia piel mediante roce. Por suerte, estas marcas salen muy bien frotándolas con una franela de microfibra con agua. Nada más.

Mariscos

Las manchas de mariscos son muy llamativas, pero son relativamente sencillas de quitar. El método tradicional, y el más eficaz, consiste en aplicar un poco de sal, jugo de limón y unas gotas de amoniaco; frota bien con una franela de microfibra y listo.

Si no tienes amoniaco, haz una pasta de percarbonato y agua, deja que repose media hora y pon la prenda a lavar. Si lo prefieres, también puedes frotar la mancha con jabón en barra o jabón lavatrastes, dejar reposar una hora y lavar.

Moho en la goma del refrigerador

A veces, aparecen pequeñas manchas de moho en la goma de la puerta del refrigerador, que hay que eliminar lo antes posible para evitar que se extiendan y contaminen nuestra comida. En este caso, si no puedes apagar el refrigerador (que será lo más habitual) tienes que buscar una manera de poner un trapo fino o unos algodones empapados en cloro en contacto con la mancha de manera que te permitan cerrar la puerta de todos modos. Cámbialos cada doce horas hasta que desaparezca.

Moldes de silicón

Desde hace ya unos cuantos años, los moldes y utensilios de silicón se han convertido en un elemento habitual en las cocinas. Por desgracia, no todos los silicones son iguales, así que mi primer consejo para ahorrar tiempo y dinero en este caso es optar por moldes y utensilios de gama alta, ya que son de mayor calidad, se limpian mejor y se conservan en buen estado mucho más tiempo.

Aun así, este material tiende a ponerse oleoso y pegajoso con el uso; para solucionarlo, sumerge los utensilios en una mezcla de agua caliente y vinagre al cincuenta por ciento (mitad y mitad) con un buen puñado de bicarbonato, y déjalos reposar un día entero. A continuación, lávalos bien con estropajo suave y jabón lavatrastes.

Si tienes objetos de silicón transparente que ha dejado de serlo, una solución infalible es ponerlos al sol un día entero. Esto también funciona en moldes que tengan manchas oscuras (a menudo causadas por el horno) y fundas de móvil de silicón.

Muñecos de plástico

Los muñecos de plástico se manchan muchísimo con el uso, como es natural. Para dejarlos bien limpios, lo mejor es usar Fórmula mágica sustituyendo el amoniaco por vinagre (p. 45). Frota bien con una franela de microfibra y quedarán como nuevos.

Si tus hijos se pusieron creativos y les dio por pintarrajearlos con bolígrafo, la cosa se complica. El bolígrafo sobre el plástico de los muñecos es muy complicado de quitar, aunque también tiene solución. Usa una pomada llamada Peroxibén, de venta en farmacias y que, en realidad, sirve para el tratamiento del acné. Aplícala sobre las manchas de bolígrafo y deja el muñeco doce horas al sol. Si no tienes sol, entonces déjala actuar al menos el doble de tiempo. Retírala con una franela con agua y listo.

O

Ollas quemadas, parrillas y bases de sartén

Si se te quemaron las lentejas, se te pegó la carne a la parrilla o tienes la base del sartén ennegrecida a causa de los quemadores, basta con que apliques una pasta de vinagre y bicarbonato y dejes reposar un mínimo de doce horas. Pasado este tiempo, frota con estropajo y jabón lavatrastes. Si no sale a la primera, repite la operación y deja que repose veinticuatro horas más. Si aun así no sale, puedes aplicar piedra blanca. En este caso, recuerda enjuagar bien después para que no quede ningún resto.

Olor axilar en tejidos

A veces nos encontramos con prendas que, por mucho que las lavemos, desprenden olor en la zona de las axilas. Para acabar con este olor, causado por las bacterias del sudor, que acostumbran a dejar un cerco amarillento en la ropa, no basta con lavar la prenda de la forma habitual, sino que hay que atacar el origen del problema. Por suerte hay más de una solución, aunque te recomiendo que las pruebes siempre en alguna zona escondida de la prenda, sobre todo si esta es de color:

- Haz una pasta más bien líquida de vinagre y bicarbonato para que penetre bien en las fibras. Ponla sobre la zona axilar, déjala actuar media hora y lava la prenda de la forma habitual. Repite esta operación cada vez que laves la prenda, hasta que desaparezcan el olor y la mancha amarillenta de sudor.
- Si la prenda es blanca, haz la misma operación, pero con una mezcla de bicarbonato y agua oxigenada, o bien percarbonato y agua.
- Añadir un vaso de vinagre al tambor puede ayudar a prevenir estos olores.
- Si el olor es muy penetrante, rocía la mancha con amoniaco y lava la prenda enseguida.

Olor a pescado en el coche

Si te ha pasado alguna vez, sabrás lo desagradable que resulta. A veces, volvemos de la compra con una bolsa con pescado y se nos vuelca algo de líquido en la cajuela o la alfombra, lo que deja un olor realmente nauseabundo en el coche. Para eliminarlo de raíz, pon una capa de bicarbonato sobre la mancha y mójalo con vinagre. Deja que repose veinticuatro horas y aspira. Si el olor persiste, pon una franela empapada en agua oxigenada apoyada en un plato o recipiente de plástico y cámbiala cada 12 horas hasta que el olor desaparezca.

Olor en las franelas

Con el uso que les damos y lo mucho que las usamos, ¡cómo no van a oler las franelas! En general, con el lavado habitual los olores deberían desaparecer, pero, si alguno se resiste, puedes probar a lavarla a mano con jabón lavatrastes abundante o bien sumergirla un día entero en una mezcla de vinagre y bicarbonato antes de meterla en la lavadora. Recuerda secar siempre las franelas en plano para que respiren y se aireen. Todos estos consejos sirven también para tu trapeador y tu mechudo de microfibra.

Olor en el colchón y las almohadas

Con el uso y el sudor, los colchones y almohadas pueden llegar a desprender un olor que no siempre es agradable. Si tienes tiempo y espacio, y no estás usándolos en ese momento, la solución más eficaz es cubrirlos con bicarbonato y dejar que actúe durante toda una semana. Después, cepillas, aspiras y listo.

Si no tienes tanto tiempo, aplica bicarbonato solo en las manchas visibles y mójalo con agua oxigenada. Deja que actúe media hora y cepilla bien. Si lo prefieres, puedes hacer la misma maniobra pero con percarbonato y agua.

Si te da miedo mojar el colchón, también puedes poner y quitar el bicarbonato todos los días, al levantarte y al acostarte, pero te aseguro que eso es un poco la muerte a pellizcos.

Olor en el bote de la basura

Para prevenir malos olores en el bote de la basura, lo ideal es esparcir un poco de bicarbonato en el fondo y cubrirlo con un papel de cocina que, además, servirá para absorber cualquier humedad que se escape de la bolsa. Esta solución es muy eficaz para acabar con el olor a tabaco o a pañal sucio.

EL TRUCO DE BEGO:
LAS BOLSAS SIEMPRE A LA MANO

Este truco en realidad no es mío, pero desde que lo vi en internet me ha cambiado la vida. El mejor lugar para guardar las bolsas de basura es en el fondo del cubo. Así, cuando sacas la usada, ya tienes la nueva ahí.

Olor en la lavadora

En la página 99, en el apartado de electrodomésticos, ya dimos todas las pautas necesarias para eliminar olores en lavadoras. ¡Consúltalo si es necesario!

Olor en la secadora

Si tu ropa sale de la secadora con mal olor, seguro que el problema es de la máquina. Para eliminarlo, moja una toalla con agua y luego vierte en ella un bote entero de agua oxigenada. A continuación, métela en la secadora y enciende el electrodoméstico.

Olor en las manos

Si eres una de esas personas que pasan mucho tiempo en la cocina, sabrás que hay dos olores que pueden llegar a quedar impregnados en las manos y son difíciles de quitar: el olor a ajo y el olor a pescado.

Para eliminar el olor a pescado de las manos frótatelas bien con limón. Ten especial cuidado con la zona de las uñas, porque a veces es la suciedad que se esconde debajo la causante del problema.

Para eliminar el olor a ajo pon las manos bajo la llave y frótalas con una cuchara de acero, pero no una contra otra. El limón también puede ayudarte en este caso.

Olor en los zapatos y la zapatera

Si tienes un par de zapatos o tenis que desprenden mucho olor al quitártelos, pon una capa fina de bicarbonato en su interior, sobre la plantilla, y atomiza un poco de vinagre. Ten en cuenta que se debe secar al momento, así que tiene que ser muy poco; de lo contrario, estropearás los zapatos (¡y te lo digo por experiencia!). Dejamos que repose al menos una noche, aunque lo ideal es una semana; cepillamos bien el interior con un cepillo de dientes, y, por último, aspiramos.

MÁS VALE PREVENIR

Si hablamos de zapatos, es mucho más sencillo evitar que empiecen a oler que eliminar el mal olor una vez que este ya se ha asentado. Para lograrlo basta con que hagas unas bolsas de tela pequeñitas, las llenes de bicarbonato y las cierres bien para que no se salga.

También puedes usar calcetines tupidos que te hayan quedado desparejados. Todos los días, al llegar a casa y quitarte los zapatos, mete una bolsita dentro de cada uno de ellos y, a continuación, ponles también una horma o un perno (si son unas botas). De esta manera, evitarás que tus zapatos se deformen y adquieran mal olor, por lo que te durarán mucho más tiempo.

Si no tienes hormas ni pernos, puedes sustituir lo primero por papel de periódico y lo segundo por un trozo de tubo flotador de piscina de la altura de la caña de tus botas.

Para prevenir el olor en el clóset con zapatera puedes usar también estas bolsitas con bicarbonato o con trozos de carbón para parrilla. Si ya huele, puedes poner una franela con agua oxigenada apoyada en un plato e ir cambiándola cada doce horas hasta que el olor desaparezca; después, puedes empezar a usar las bolsas de bicarbonato o carbón.

Recuerda cambiar el contenido de las bolsas cada dos o tres meses para que conserve su eficacia.

EL TRUCO DE BEGO: ZAPATOS DE PIEL QUE ROZAN

Si tienes unos zapatos de piel que te rozan y necesitas amoldarlos, hay diversas soluciones.

La primera es aplicar alcohol por dentro del zapato en las zonas donde te molesta y calzarlo el tiempo que te sea posible (una hora o dos) para que sea tu propio pie el que le dé forma. Repite el proceso varios días por casa hasta que te resulten cómodos.

Otra opción es llenar una bolsa refrigerante con agua y meterla dentro del zapato dándole la forma del pie. A continuación, mete el zapato dentro de otra bolsa y déjalo en el congelador tres días. Así, el agua de la bolsa aumentará de tamaño al congelarse y amoldará la piel. Esta solución es bastante agresiva con la piel, así que asegúrate de hidratar bien el zapato con betún o crema Nivea antes de meterlo en el congelador.

Si, a pesar de todo, los zapatos siguen haciéndote daño, no lo dudes ni un segundo y sácalos de tu casa. Regálalos, dónalos, véndelos o haz lo que consideres conveniente, pero evita acumular calzado que no te vas a poner porque te hace daño. Me lo agradecerás.

Olores impregnados en tejidos

A veces, después de salir de un bar especialmente mal ventilado, llegamos a casa con cierto olor a fritanga en la ropa que cuesta un poco eliminar. Lo mismo sucede con otros aromas indeseados, como el humo, los disolventes o incluso la humedad. Para eliminarlos actuaremos en función de su intensidad:

- Si el olor no es muy intenso, bastará con añadir un vaso de vinagre directamente en el tambor de la lavadora y otro vaso más en el depósito, junto al jabón.
- Si el olor tiene una intensidad media, añade un vaso de vinagre en el tambor, pon encima medio vaso de bicarbonato, mete la ropa y enciende la lavadora de inmediato.
- Si te enfrentas a un olor intenso, echa medio vaso de amoniaco en el tambor y lava enseguida.
- Si el tejido no es lavable o es de limpieza en seco, espolvorea la prenda con bicarbonato y deja que repose dentro de una caja abierta al menos una semana o hasta que desaparezca el mal olor.
- Si el olor se ha impregnado en un plástico o en una tela plastificada —por ejemplo, una bolsa para llevar los enseres de los bebés—, atomiza el objeto con vinagre y déjalo unas horas al sol.

Óxido en tejidos

Para limpiar el óxido en los tejidos, vamos a usar el mismo método que sobre superficies duras: aplica sal sobre la mancha y mójala con jugo de limón. Deja actuar entre ocho y doce horas y pon la prenda a lavar.

P

Pegamento

Como sabes, existen muchos tipos de pegamento y muchos tipos de superficies, pero mi intención en este caso es darte unas directrices generales para que puedas afrontar este tipo de incidentes de la mejor manera posible.

- ***Superglue.*** Tengo una mala noticia: los pegamentos con base de cianocrilato, comúnmente conocidos como *superglue*, son imposibles de eliminar de las superficies. Haciendo honor a su fama, es imposible quitar este pegamento, así que mi consejo es que tengas mucho cuidado con él: ponte guantes y gafas de seguridad y cubre siempre bien las superficies de trabajo antes de usarlo.

La única excepción en este caso son los tejidos. Si te cae una mancha de *superglue* en la ropa, puedes intentar quitarla actuando de inmediato. Empapa con aceite la zona donde esté el pegote y ayúdate de un cuchillo romo o el borde de una cuchara para arrancarlo. A continuación, rocía con fijador y pon la prenda a lavar enseguida. Si estás sufriendo por lo del aceite, te diré que es mucho más sencillo quitar una mancha de aceite (ver p. 180) que de pegamento.

- **Pegamentos domésticos convencionales (en barra, blanco, etc.).**
  - **Sobre superficies duras (piedra, azulejos, cristal, aluminio, etc.).** Aplica fijador sobre el pegamento y retíralo con la ayuda de un jalador. Limpia después bien con una franela de microfibra y agua. Si no tienes fijador, también puedes usar insecticida; en este caso, tienes que enjuagar con agua jabonosa.

    Sobre estas superficies también resulta muy eficaz frotar con un trapo empapado en gasolina.
  - **Sobre madera.** Si te cayó pegamento en una superficie de madera delicada, pon quitaesmalte sin acetona en un trozo de algodón y frota con paciencia. Tardará en salir.

    En madera sin tratar, aplica fijador y frota con un estropajo. Limpia después con una franela de microfibra con agua.

- **Sobre plásticos.** Si te cayó pegamento en una carcasa de plástico de un electrodoméstico u otra superficie plástica que se pueda rayar si usas un jalador, empapa un papel de cocina con aceite, cubre la mancha con él y déjalo actuar durante 24 horas. Pasado este tiempo, frota con un estropajo suave. Esta solución también puede funcionar en maderas barnizadas que no sean muy delicadas.

- **Pegamento de etiquetas sobre tejidos.** A veces, las prendas que compramos llevan etiquetas en forma de calcomanía que, al quitarlas, dejan restos. Para eliminarlos, echa alcohol sobre la zona afectada y frota con una franela de microfibra con agua.
- **Pegamento sobre la piel.** Si se te quitó un pegote de pegamento en la piel, la mejor forma de quitarlo es con una sustancia oleosa: aceite, agua micelar, vaselina, etc. Aplícalo, espera unos diez minutos y despega con cuidado. Este remedio funciona incluso con *superglue*.

Plásticos blandos pegajosos

A veces, el plástico de mangos o carcasas, como los de los paraguas o las secadoras, se pone pegajoso. Para solucionarlo, rocíalos con fijador y limpia bien con una franela de microfibra con agua. Problema resuelto.

Plastilina

Si tienes un pegote de plastilina sobre la ropa, lo mejor es aplicar hielo y despegarlo. Si no sale de esta forma, echa fijador por delante y por detrás de la zona, despega el pegote y mételo a lavar inmediatamente.

Si después de la lavada queda mancha de grasa sobre la zona, sumerge la prenda en agua con jabón en escamas durante dos horas, frota un poco y vuélvela a meter en la lavadora.

Protector solar

Las manchas de protector solar pueden ser una auténtica pesadilla, sobre todo si usas protector solar mineral, que es buenísimo para proteger tu piel, pero también mancha muchísimo. En este caso, lo mejor es hacer una pasta con percarbonato y agua y cubrir la mancha con ella. La dejas reposar media hora y, a continuación, lavas la prenda de la forma habitual.

Si tu protector solar tiene color y ha dejado una mancha oscura, aplica la pasta con percarbonato y agua durante media hora, retírala y frota con una franela de microfibra con agua micelar hasta que desaparezca el color. A continuación, lava la prenda de la forma habitual.

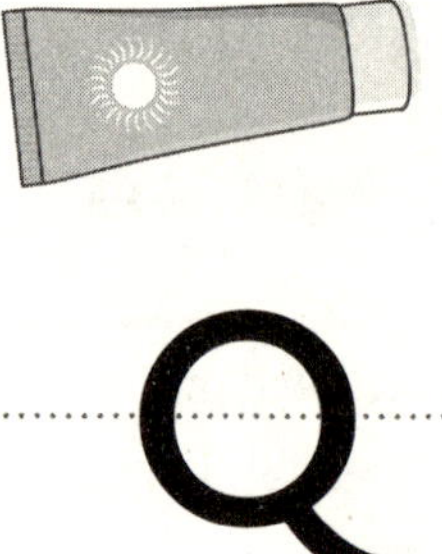

Q

Quemaduras sobre madera barnizada

Aunque la madera barnizada es un material bastante resistente, también es susceptible al calor. Tanto da si dejaste la cafetera sobre la mesa por error como si el sol que entra por la ventana dejó una marca en el suelo de parqué, el resultado es una marca visible sobre el barniz.

Para eliminarlas, y aunque parezca mentira, la solución es aplicar más calor. Humedece un trapo de algodón y dóblalo dos veces sobre sí mismo para que tenga algo de grosor. Cubre la marca con el trapo húmedo y aplica encima la plancha caliente sin usar vapor. Déjala un par de segundos, levanta el trapo y mira qué tal está la marca.

Repite hasta que desaparezca, siempre con cuidado de no dejar la plancha mucho tiempo y volviendo a humedecer el trapo si es necesario.

R

Resina

Los paseos por el campo son maravillosos hasta que llegas a casa y te encuentras con una mancha de resina en la ropa. Que no cunda el pánico.

- Si la prenda puede lavarse, aplica alcohol sobre la resina, frota bien con un cepillo limpio y lávala de la forma habitual.
- Si la prenda no puede lavarse, frota la resina con una franela de microfibra empapada en alcohol. Si la prenda tiene un color delicado que crees que podría dañarse, mójala con agua antes de frotar con el alcohol.
- Si no sale, aplica fijador, cepilla bien y mete la prenda en la lavadora o limpia con una franela de microfibra con agua.

Rozaduras en las paredes

Las marcas de sillas y otros roces en las paredes se pueden eliminar con borrador mágico siempre y cuando estas estén pintadas con pintura plástica. Si usaste pintura al agua, puedes probar con una franela de microfibra muy ligeramente humedecida en agua y cloro a partes iguales.

S

Sangre

Las manchas de sangre no son difíciles de quitar siempre y cuando sepas cómo hacerlo. La regla de oro es no usar nunca agua caliente, porque, al contrario de lo que sucede con otras manchas, en lugar de eliminarla la estarás incrustando.

Para eliminar la mancha en el momento lo mejor es aplicar agua muy fría, cuanto más mejor, y en cantidad. Frota un poco con las manos bajo el chorro y verás cómo va desapareciendo. Otra opción muy eficaz también es aplicar agua oxigenada.

Si no acaba de salir o si la mancha ya está seca, pon una capa de bicarbonato sobre ella y mójalo con un poco de agua oxigenada para hacer una pasta. Deja que actúe media hora y pon la prenda a lavar. Esta solución también funciona en prendas o superficies que no se pueden lavar, como, por ejemplo, un colchón. En estos casos, puedes dejar la pasta más tiempo y después cepillar.

Sarro en botellas de cristal

Si usas botellas de cristal para guardar el agua, verás que con el tiempo van perdiendo transparencia por culpa del sarro acumulado en su interior. Para que recuperen su aspecto original, llénalas con vinagre alimentario previamente calentado (no hace falta que hierva), añade un par de cucharadas de bicarbonato y, cuando pare la efervescencia, echa dentro unos cuantos granos de arroz. Agita bien para que el arroz arrastre la suciedad y después deja reposar doce horas. Pasado este tiempo, enjuaga muy bien con agua para eliminar cualquier rastro de vinagre. Si no te queda perfecto, repite la operación dejando reposar veinticuatro horas.

Si no quieres gastar tanto vinagre, puedes sustituir la mitad con agua; sobre todo, no cierres la botella, ya que, aunque no lo veas, el bicarbonato sigue reaccionando y el gas que genera tiene que salir.

Esta solución también es muy útil para botellas, termos o topers que han agarrado olor. En estos casos, no hace falta que añadas el arroz.

Slime

Si no sabes qué es el *slime*, es que no tienes hijos pequeños, aunque si creciste en los ochenta lo que pasa seguramente es que tú lo llamabas *moco de gorila* o algo así. Sea como sea, el *slime* es una sustancia viscosa, pegajosa y elástica, muy divertida para los más pequeños de la casa, pero que se adhiere a las superficies y mancha muchísimo los tejidos. Por suerte, tengo la solución.

Los pegotes pequeños se pueden retirar con hielo o con fijador, como si fueran chicle. El fijador también es la única solución en tejidos que no se pueden lavar, como las tapicerías. Recuerda limpiar siempre después con una franela de microfibra y agua.

Si el pegote es grande, aplica una pasta de vinagre y bicarbonato, deja actuar media hora y pon la prenda a lavar.

Si tu hijo se llenó el pelo de *slime*, puedes quitarlo con aceite.

Suelas blancas de tenis

Para recuperar el color original de la goma blanca de los tenis, aplica borrador mágico o piedra blanca.

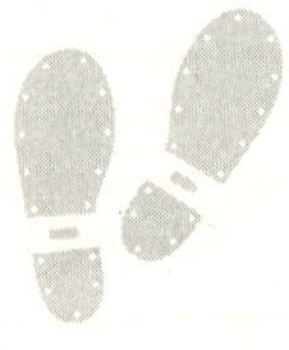

T

Tenis de lona blanca

Los tenis de lona blanca quedan muy bien, pero son muy difíciles de mantener limpios. En este caso, mi primer consejo es que no las metas en la lavadora. A diferencia de lo que sucede con zapatillas de otros colores, las blancas no quedan bien.

En lugar de eso, ponlas en remojo en agua caliente, a unos 40 °C (tienes que poder meter la mano), añade percarbonato y déjalas dos horas; a continuación, cepíllalas muy bien debajo de la llave. Si están muy sucias, puedes añadir una gotita de jabón lavatrastes durante el cepillado.

Si al usar este método te queda un cerco amarillo en las zapatillas, es que te pasastede percarbonato o de jabón. Para quitarlo, cepilla con vinagre de limpieza y, a continuación, vuelve a cepillar bien bajo el chorro de agua hasta eliminar la mancha.

Tinta

Aunque la solución tradicional, que funciona, consiste en aplicar leche (que puede dejar su propia mancha), las manchas de tinta desaparecen de manera muy sencilla con alcohol.

Si hablamos de tejido, moja la mancha con agua, aplica alcohol y pon la prenda a lavar o frota con una franela de microfibra si estamos hablando de una tapicería o una prenda no lavable.

Si hablamos de paredes y superficies duras, frota directamente con una franela de microfibra con alcohol.

Tinte de pelo

Si eres de las que se tiñen en casa, puede que alguna vez hayas tenido algún accidente y te haya caído un pegote de tinte en las superficies duras del baño. Para eliminarlo aplica piedra blanca o borrador mágico.

Toallas

Las toallas son un tejido especial que usamos a diario y que precisan cuidados específicos. Los problemas más habituales a los que nos enfrentamos con ellas son:

- Si tus toallas están ásperas, mi primer consejo es que dejes de usar suavizante. El suavizante es una sustancia que apelmaza los tejidos y, a la larga, hace más mal que bien. Para recuperar la suavidad original añade medio litro de vinagre y dos buenos puñados de sal en el lavado habitual. Esta solución también sirve si las toallas sueltan pelusas. Estos dos problemas también mejoran mucho si usas secadora de manera habitual, ya que el secado al sol reseca mucho las fibras.
- Si tus toallas se han oscurecido en algunas zonas, esto es muy habitual en los cuellos de los albornoces, por ejemplo, cubre la zona afectada con percarbonato y luego pon la prenda en remojo con agua caliente un par de horas. Pasado este tiempo, lava la toalla con menos detergente del habitual, porque el oxígeno activo del percarbonato va a aumentar la potencia de este. Si no sale, puedes poner una pasta de vinagre y bicarbonato, dejar actuar media hora y lavar de la forma habitual.
- Si tus toallas han perdido color, lávalas con un vaso de bicarbonato y dos buenos puñados de sal.

EL TRUCO DE BEGO:
CÓMO ELEGIR TOALLAS

Aunque pueda parecerlo a simple vista, no todas las toallas son iguales y su calidad depende del gramaje. Si te gustan las toallas

muy mullidas, como las de los hoteles de lujo, y te las puedes permitir, elige las de 700 g, porque son una gozada. Si no, unas toallas de 480 g son mucho más asequibles y su calidad es más que aceptable.

Si quieres que tus toallas tengan un tacto especialmente suave, elige las de rizo no torsionado o de baja torsión.

Tóperes

Los recipientes de plástico donde guardamos comida, conocidos coloquialmente como tóperes, pueden adquirir con el uso una pátina grasienta que resulta de lo más desagradable. Para limpiarlos a fondo yo recomiendo llenarlos con agua templada y echar un chorro de jabón lavatrastes. A continuación, mete dentro un papel de cocina doblado, ciérralo, agita bien y deja que repose toda la noche. Pasado este tiempo, friégalo de la forma habitual.

Trajes de baño

El agua de las piscinas contiene cloro, que, aunque va muy bien para mantenerlas limpias, también acaba decolorando un poco los trajes de baño. Para que recuperen el color original, mételos en la lavadora, echa un vaso de vinagre y lávalos durante una hora a 30 °C o a la temperatura que admitan.

En la playa, uno de los problemas es la arena, que se cuela en los tejidos, sobre todo en los trajes de baño de licra después de pasar horas sentados en la arena. Esta se acumula y deja unas marcas oscuras que, por suerte, se pueden eliminar con paciencia. La solución es tensar el tejido con los dedos para abrirlo, echar talco y cepillar muy bien con un cepillo de uñas. Es un proceso lento, pero la mancha acaba saliendo. Cuando acabes, puedes lavar la pieza de la forma habitual en la lavadora para eliminar cualquier rastro de talco.

Otro problema que nos podemos encontrar en la playa es el alquitrán. Para eliminarlo, aplica aceite, deja actuar unos diez minutos y retíralo con la ayuda de un cuchillo romo o el borde de una cuchara. Después, aplica un remedio para acabar con la mancha de grasa (ver p. 180). Si no sale, aplica fijador, retira con la ayuda de un cuchillo romo o el canto de una cuchara y lava enseguida.

Vajilla

No hace falta que te diga que la vajilla, en general, se lava con estropajo y jabón lavatrastes. Pero ¿qué pasa con esas manchas que no salen? Ese jitomate frito que se quedó más tiempo del debido, los cercos de café y té o las manchas de especias tipo *curry*. No hay problema. Basta con poner en remojo con vinagre (o vinagre y agua al cincuenta por ciento) y un buen puñado de bicarbonato. Déjalo toda la noche y lávalo al día siguiente con jabón lavatrastes.

Para bandejas o recipientes, incluidos los de plástico que tienen manchas de comida, puedes aplicar bicarbonato y agua oxigenada, dejar que repose media hora y frotar con estropajo suave. Como alternativa puedes usar pasta de percarbonato y agua y seguir el mismo proceso.

Por otro lado, cualquier recipiente de plástico mejora mucho si lo dejas un día entero al sol.

Si tu vajilla es muy antigua y ha empezado a amarillear, puedes sumergirla toda la noche en agua caliente con cuatro cucharadas de percarbonato para que recupere su blanco original. Pasado este tiempo, friégala con jabón lavatrastes.

LA VAJILLA DE LA ABUELA

Si tienes una vajilla muy antigua a la que se le ha craquelado el esmalte, siento decirte que no deberías usarla, ya que podría resultar tóxica. Sin embargo, si quieres mejorar su aspecto para conservarla porque tiene valor sentimental, puedes aplicar con ella la solución del percarbonato para limpiar bien las zonas donde ha saltado el esmalte.

Vino tinto

¡Qué bueno es el vino y qué complicado es de eliminar en los tejidos! No te voy a engañar: las manchas de vino son traicioneras y, a veces, vas a necesitar una paciencia infinita para acabar con ellas. Además, con el tiempo he descubierto una cosa curiosa: cuanto mejor es el vino, más difícil es eliminar sus manchas. Parece mentira, pero los vinos baratitos salen con mucha más facilidad que los de calidad, así que ten mucho cuidado con los segundos.

Si ves caer la mancha en el momento, actúa deprisa y mójala con vino blanco o agua mineral. Muchas veces, con esto bastará, pero, aunque no salga en el momento, esta solución hará que el vino tinto penetre menos en el tejido y nos facilitará las cosas más adelante.

Si con el método anterior aún queda mancha o si no la has visto en el momento y ya está seca, la mejor solución es hacer una pasta suave, más bien líquida, de percarbonato y agua, y extenderla bien sobre el tejido para que penetre. Deja que actúe media hora y mete la prenda en la lavadora.

Si la mancha cayó sobre una alfombra, haz la misma mezcla de percarbonato, pero con agua caliente, y déjala actuar unas horas. A continuación, frota bien con una franela de microfibra y, por último, aspira los restos.

Vómito y orina en tapicerías y colchones

Todos los que tenemos hijos sabemos lo que es que los niños vomiten o se les escape la orina en cualquier sitio y lo complicado que es eliminar tanto las manchas como el olor en superficies tapizadas o acolchadas como el sofá, los asientos del coche o la cama. Después de muchos años y mucha experiencia en este campo, di con la mejor solución.

Lo primero que hay que hacer es actuar rápido, si es al momento, mejor, cubrir la mancha con bicarbonato y dejar reposar el tiempo que haga falta, alrededor de una hora, hasta que absorba toda la humedad. Y sí, por si te lo estás preguntando, yo siempre llevo bicarbonato en el coche. Una vez que se haya secado, cepillamos y aspiramos para quitar todo el bicarbonato. Si después de esto queda olor en la superficie, vuelve a cubrir con bicarbonato y atomiza con un poco de vinagre. Deja que repose una hora y, después, cepíllalo.

Si el accidente fue en el colchón y el olor llegó hasta el núcleo, empapa la mancha con agua oxigenada. Esta solución es muy eficaz, pero también puede estropear el color, por lo que debes tenerlo en cuenta. Repite cada día hasta que desaparezca el olor y deja también una franela empapada en agua oxigenada al lado, apoyada sobre un plato.

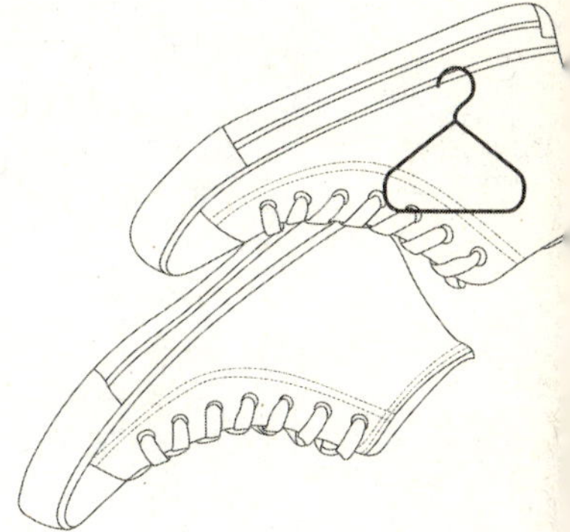

5

Cosas de casa

Como bien sabes, no todo en una casa es limpiar. Por eso creo que vale la pena hacer un pequeño apéndice para hablar de otros temas relacionados con el orden y con el cuidado de la ropa que te pueden ayudar a tener una vida más fácil para que puedas dedicar más tiempo al resto de las cosas de tu vida. Como me gusta decir: yo puedo con todo, pero no puedo con todo a la vez, así que vamos a aprender a optimizar nuestro tiempo y a organizarnos un poco mejor.

Cómo mantener el orden en casa

Lo primero que quiero transmitirte es que el orden es una herramienta que nos sirve para estar a gusto. No se trata de que el orden te esclavice, sino de ponerlo a tu servicio. El orden de tu casa cambiará en función de tu vida y tus necesidades. No es lo mismo vivir solo que en pareja, con niños, con personas adultas o con personas dependientes.

Cada momento y cada persona necesitan un orden distinto, igual que cada habitación tiene su propio orden en función del uso que le des. Por eso, antes de empezar a ordenar tienes que preguntarte cómo es tu vida, qué te gusta y qué necesitas. Por ejemplo: ¿necesitas una mesa de comedor si nunca tienes invitados y tú comes en el sofá? ¿Necesitas seis sillas cuando en casa son solo tres? ¿Necesitas tener tantísimos utensilios de cocina si a ti no te gusta cocinar? ¿Necesitas un despacho para trabajar en casa? ¿Tienes pensado tener otro hijo? La lista es casi infinita.

Uno de los problemas principales a la hora de mantener el orden es el **exceso de cosas**. Por eso, cuando te pongas a ordenar una estancia es importante que te plantees seriamente por qué quieres conservar o no determinado objeto y qué implica hacerlo en lo que respecta al espacio y el orden. También es importante que seas consciente de que lo que se ha desordenado a lo largo de meses no va a poder ordenarse en pocos minutos, de modo que organízate para hacer las cosas poco a poco y por partes para no desanimarte.

El segundo motivo que nos complica la vida con el orden es que nos cuesta devolver a su lugar las cosas que acabamos de usar. A veces no lo hacemos porque nos da flojera y otras porque las cosas no tienen sitio, sino que las vamos moviendo de aquí para allá de manera constante, pero no tienen un sitio asignado al que regresar.

El principio que rige en este caso es que cada cosa debe tener su sitio para saber dónde encontrarla y dónde guardarla una vez que la acabes de usar.

Otro aspecto importante a la hora de ordenar tu hogar es dejar espacios. No todos los clósets y todas las superficies tienen que estar llenos hasta el tope, porque en el día a día los necesitamos como zonas de trabajo o espacios donde dejar cosas que están de paso. Por ejemplo, es interesante tener un espacio en la entrada para dejar cosas que hay que llevar a reciclar o a arreglar. Además, si no tienes esos espacios, acabarás dejando cosas por el suelo, lo que te dificultará la limpieza. El suelo, por norma general, tiene que estar vacío y despejado.

DESPÍDETE DE LOS OBJETOS

A veces acumulamos cosas sencillamente porque nos da pena tirarlas: ya no nos sirven o no nos gustan o no nos resultan útiles, pero nos da lástima deshacernos de ellas porque son un regalo o nos recuerdan a alguien que ya no está o a la persona que fuimos en otra época. Sin embargo, conservarlas tampoco nos hace ningún bien, porque ocupan un espacio físico y mental que no nos deja avanzar.

Para facilitar este proceso, lo que yo hago es despedirme de las cosas. Las miro; recuerdo por qué las tenía; les agradezco su servicio; recuerdo que los objetos, al final, no son más que objetos y, por último, me despido.

Aunque al principio cueste, te aseguro que a la larga sientes una gran liberación y mucha alegría al ver que tu casa y tu entorno por fin reflejan a la persona que eres ahora y no a la que fuiste en otro momento.

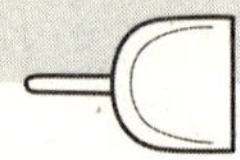

Por otro lado, tenemos que aprender a ser comprensivos con nosotros mismos y ver de dónde viene nuestro desorden. A veces, sencillamente, hemos tenido una semana complicada y no hemos tenido tiempo de más. Otras quizá estamos atravesando una mala época y literalmente no tenemos fuerzas para hacer más de lo que hacemos.

Sea como sea, obsérvate con sinceridad y compasión para entender tus motivos y pide ayuda si lo necesitas. En contra de lo que nos han dicho durante mucho tiempo, el desorden no tiene por qué estar relacionado con la desidia o la falta de voluntad. A veces las cosas nos superan y llega el momento de buscar soluciones.

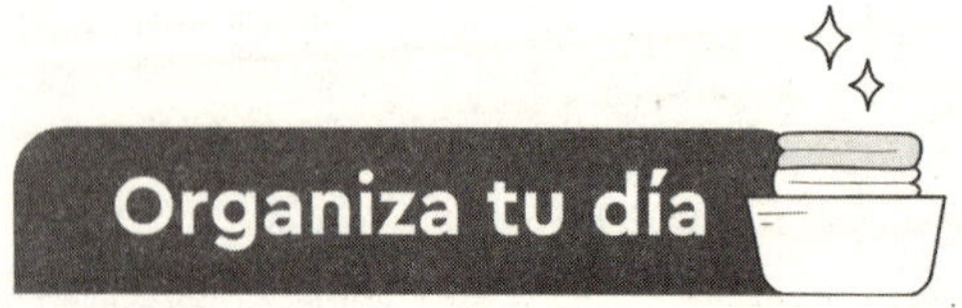

Organiza tu día

Aparte del orden en el hogar, una de las cosas que más va a cambiar tu cotidianidad es el orden en las tareas y los horarios. Saber qué tienes que hacer a lo largo del día y prepararte para ello te ayuda a aprovechar mejor el tiempo y a controlar el estrés.

Para hacerlo, dedica unos minutos cada noche a preparar la ropa del día siguiente y a hacer una lista con todas las cosas que tienes que atender. El secreto aquí es ser realista con el tiempo del que dispones y no intentar abarcar más de lo que puedas. Por mucho que llenes la lista, si no hay tiempo material para hacerlo todo, lo único que conseguirás es frustrarte. A continuación, márcate un horario, teniendo en cuenta desplazamientos, y asegúrate de preparar también cualquier documento que necesites llevar.

De esta forma, cuando te levantes por la mañana tendrás perfectamente claro todo lo que tienes que hacer a lo largo del día y, además, podrás ir sumando logros.

Voy a empezar con una confesión: a mí me encanta planchar. Me relaja, me permite centrarme y pensar con tranquilidad, me conecta conmigo misma. Cuando tengo un problema me pongo a planchar. Y sí, ya sé que a mucha gente le parece un castigo (y no te digo que yo dé saltos de alegría cuando las prendas se acumulan y veo que tengo un montón de horas de plancha por delante), pero para mí es un acto de amor para la persona que lucirá la prenda y para la prenda en sí, que no solo estará limpia después de pasar por la lavadora, sino también planchada como si fuera nueva.

Ahora bien, si no te gusta planchar, te entiendo y, es más, te doy un consejo: no te compliques la vida y elige prendas sintéticas, que se arrugan mucho menos y quedan mejor al salir de la lavadora. Hoy en día, hay incluso sábanas de mezcla 60 % algodón y 40 % poliéster, que quedan muy bien sin necesidad de pasar por la plancha.

Ahora bien, si eres de las mías y te gusta planchar (o no te queda más remedio que hacerlo), mi recomendación es que inviertas en un buen centro de planchado, que te ahorrará mucho tiempo y esfuerzo, que, al fin y al cabo, es dinero. Piénsalo. ¿Cuánto vale una hora de tu trabajo? Y da igual a lo que te dediques, si trabajas fuera de casa o no. Tu tiempo tiene un valor.

Para elegir un buen centro de planchado es importante tener en cuenta cuatro características básicas:

1. **Presión:** Para tener los mejores resultados tu centro de planchado debería tener un mínimo de 5 bares de presión.
2. **Autonomía:** Los centros de planchado antiguos tenían una autonomía limitada, ya que había que esperar un mínimo de diez minutos a que se calentaran y, cuando se les acababa el agua, había que volver a esperar a que se enfriaran antes de volver a abrir el depósito, rellenarlo y vuelta a empezar. Esto ya no sucede con los modelos nuevos, que

tienen una autonomía ilimitada, ya que se pueden rellenar casi enseguida cuando se vacían.

3. **Chorro de vapor:** Este aspecto es el que más diferencia un centro de planchado de una plancha. Las planchas de mano acostumbran a tener un chorro de unos 40 g por minuto, mientras que en los centros de planchado este chorro puede llegar a alcanzar los 400 g, que se acerca mucho a las planchas profesionales de tintorería y permite planchar en vertical, al aire. En mi opinión, el mínimo recomendable son 300 g y, a partir de ahí, cuanto mayor sea esta cifra, mucho mejor.
4. **Potencia:** Los centros de planchado suelen tener una potencia de entre 1000 y 3000 W. Cuanto mayor sea la potencia, más rápido será el planchado, por lo que aumentará tu productividad.

Aparte de estos aspectos, elijas una plancha convencional o un centro de planchado, también es recomendable optar por una suela cerámica, que tiene una vida útil más larga y también se limpia mejor.

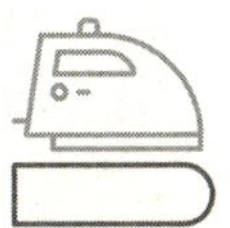

LOS DIEZ MANDAMIENTOS DEL BUEN PLANCHADO

1. La plancha es un electrodoméstico que conlleva ciertos riesgos, por lo que **no deberían manejarla nunca niños ni personas con problemas de movilidad.**
2. **Lee bien las etiquetas de todas las prendas** que vayas a planchar y haz un esquema con toda la información para tenerla siempre a mano. Con el tiempo, te la sabrás de memoria, pero nunca está de más tener estos datos cerca para cuando te entren las dudas.
3. **Cuando planches, ten siempre a mano una muselina.** La muselina es una gasa muy fina que te permite ver lo que hay debajo para poder planchar con seguridad, pero protege la prenda del contacto con la plancha. Te servirá para planchar tejidos delicados, como la seda, o con tendencia a sacar brillos, como los pantalones de vestir. También evitará que manches la ropa si la plancha pierde agua o se produce cualquier otro accidente.
4. **Adquiere unas almohadas de planchado.** Se trata de unos cojines pequeños, con una forma parecida a una hombrera, que sirven para planchar mangas o planchar al aire. Para usarlos, se introducen en la prenda y se sostienen con las manos desde atrás. Como son gruesas, no hay peligro de que-

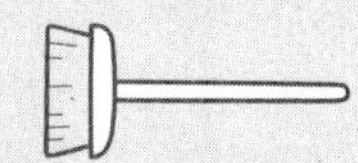

marse, pero úsalas siempre con concentración y cuidado.

5. **Los estampados de plástico,** muy habituales en playeras, no se planchan nunca de forma directa. Para planchar esa zona, pon la prenda al revés y cúbrela con la muselina.
6. **Las toallas no se planchan.** Hay quien lo hace para que estén más suaves y esponjosas, pero, si las lavas correctamente, te puedes saltar este paso. Solo si la toalla tiene algún bordado o estampado puedes planchar esa zona.
7. **Presta mucha atención a los tejidos delicados,** como la seda; lo más probable es que tengas que llevarlos a la tintorería. Si tienes dudas, no te arriesgues: las quemaduras de plancha no tienen solución.
8. **Vacía siempre el depósito de tu plancha al acabar,** alargarás la vida útil de la plancha.
9. **Al comprar tu plancha elige marcas especializadas** en este producto en estos momentos. A veces, nos aferramos a determinadas marcas por costumbre o tradición, pero en la actualidad las marcas tienden a especializarse y esto se nota en las prestaciones y las mejoras de los productos.
10. **Si el agua de tu zona es muy dura, compra agua destilada o desmineralizada** para usar en tu plan-

cha. Estas aguas se obtienen mediante procesos distintos, pero tienen en común la ausencia de residuo sólido, por lo que son recomendables para este tipo de electrodomésticos. Para saber si el agua de tu zona es dura, llena un vaso transparente y déjalo reposar. Pasados unos diez minutos, fíjate en el fondo; si el sedimento es visible, es que el agua es dura. En cualquier caso, consulta siempre las recomendaciones del fabricante a este respecto.

Si tenemos en cuenta la cantidad de horas que pasamos durmiendo, me parece obvio que vale la pena invertir en unas buenas sábanas que resulten agradables y cómodas. Si te las puedes permitir, las sábanas de 300 hilos son las mejores. Su precio es elevado, pero de verdad que valen la pena. Si te quedan fuera de presupuesto, siempre puedes proponerlas como regalo para una ocasión especial; al fin y al cabo, es algo que vas a disfrutar todos los días.

Si tus sábanas son 100 % algodón, mi recomendación es que las planches. Te aseguro que hay una diferencia abismal entre hacer la cama con las sábanas planchadas o arrugadas. La sensación de limpieza y confort se multiplica. Vale la pena.

Además, el planchado te facilitará también el guardado. Así es como lo hago yo:

- **Empieza por la sábana,** dóblala en cuatro trozos para poder manejarla mejor y plánchala de la forma habitual. A continuación, dóblala de manera que quede un rectángulo largo, del ancho que te resulte conveniente, donde quede a la vista el embozo, y dale la vuelta de forma que este quede tocando la mesa.
- **Dobla la bajera** en cuatro usando las costuras de las esquinas de la goma como guía. Dóblala primero por la mitad metiendo los picos de la parte inferior dentro de los de la parte superior. A continuación, vuelve a doblarla en dos metiendo los picos de uno de los lados dentro de los del otro. Una vez que tengas la sábana puesta de este modo, alisa los laterales para formar un cuadrado y plánchala. Cuando ya esté planchada, sigue doblándola hasta formar un cuadrado y ponlo en el centro de la sábana que ya tenías.
- **Plancha las fundas de las almohadas,** dóblalas a un tamaño similar a como hayas dejado la bajera y ponlas encima.
- **Cierra la sábana sobre las fundas** llevando los dos laterales hacia el centro para formar una especie de paquete y guárdalo en el clóset de lado, para que se vea el embozo. De este modo, cuando busques unas sábanas las encontrarás a la primera, porque reconocerás el embozo, y lo sacarás todo de golpe, sin tener que andar buscando bajeras y almohadas.

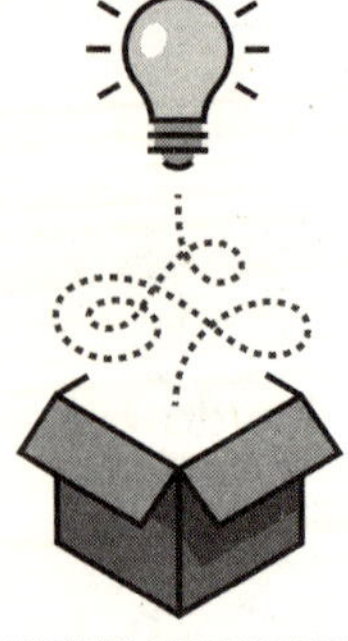

EL TRUCO DE BEGO: LAVA SIEMPRE TODO EL JUEGO DE SÁBANAS

Si, por el motivo que sea, solo usas una parte del juego de sábanas (por ejemplo, no pones las fundas de almohada durante una temporada), lava todas las piezas de todos modos. Así, el juego entero se desgastará al mismo ritmo y no habrá disonancia en el tono ni en la textura cuando vuelvas a ponerlo entero.

Y, por supuesto, si hay una sábana que has dejado de usar por el motivo que sea, no la tires; la puedes cortar para hacer trapos o aprovecharla, por ejemplo, para hacer unas fundas para guardar los abrigos en el clóset.

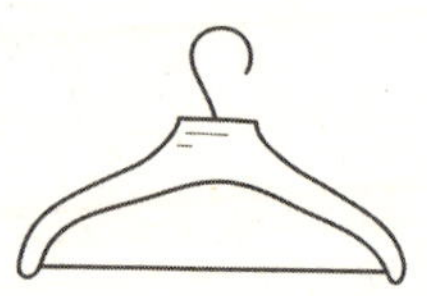

Cómo planchar un pantalón de pinza

Los pantalones de pinza son otra de esas piezas que hay que planchar sí o sí, aunque la ventaja es que resultan muy agradecidos. Basta un poco de cuidado y concentración, y te quedarán perfectos. Hazlo así:

- Extiende con cuidado una de las perneras sobre la tabla. Nunca intentes planchar las dos perneras al mismo tiempo.
- Una vez extendida, aplánala siguiendo la pinza delantera y el pliegue de la parte posterior, que tiene raya.
- A continuación, toma la plancha con la mano buena y, con la otra, agarra de la pinza para estirar el tejido; plancha desde la raya posterior hacia arriba. Empieza a la altura de la rodilla del pantalón y ve planchando con cuidado en dirección al muslo. A continuación, empieza por el tobillo y avanza hacia la rodilla.
- Repite la operación con la otra pernera y listo.

EL TRUCO DE BEGO: CÓMO QUITAR BRILLOS

Los brillos que aparecen en algunos tejidos al planchar, sobre todo en pantalones de hombre, no son más que quemaduras provocadas por la plancha. Por eso, para evitarlos, lo mejor es usar siempre una muselina.

Pero ¿qué pasa si el brillo ya está ahí? Aplica una capa fina de bicarbonato y un chorrito de agua oxigenada. Si temes por el color de la prenda, moja antes la zona con agua. Deja que repose treinta minutos y cepilla bien. A continuación, cubre la zona con la muselina y aplica un buen chorro de vapor presionando con la plancha. Ve levantando la muselina para comprobar el resultado y repite hasta que el brillo desaparezca.

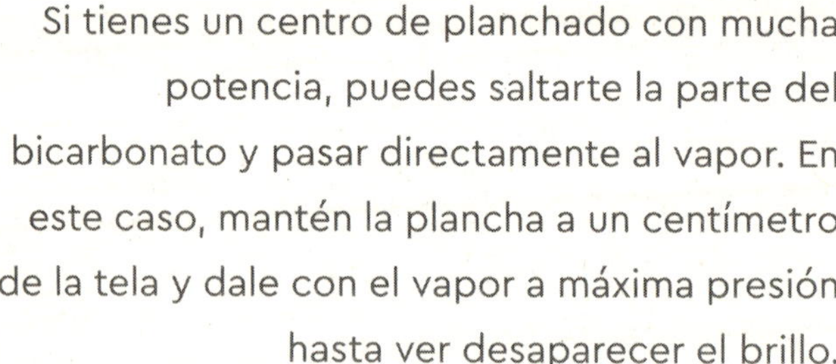

Si tienes un centro de planchado con mucha potencia, puedes saltarte la parte del bicarbonato y pasar directamente al vapor. En este caso, mantén la plancha a un centímetro de la tela y dale con el vapor a máxima presión hasta ver desaparecer el brillo.

Otra opción, si tu plancha no tiene mucha potencia de vapor, es colgar la ropa en el baño cuando vayamos a darnos una ducha larga caliente y dejar que sea ese vapor el que nos ayude.

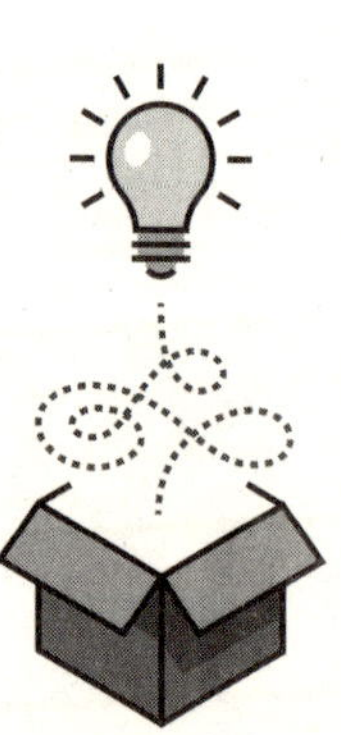

Sea como sea, una vez que consigas quitar un brillo, no vuelvas a pasar la plancha por esa zona sin muselina, porque volverá a salir.

Cómo planchar una camisa

Acabamos esta sección aprendiendo a planchar una camisa o blusa, otro tipo de prenda que necesita la plancha para poder lucir en todo su esplendor.

- Si hablamos de una camisa «tradicional» de hombre, lo mejor es no planchar nunca ni el cuello ni los puños; de este modo mantendrán la rigidez original más tiempo y se verán mejor.
- Si no es una camisa «tradicional», empezamos a planchar por el cuello, que estiraremos bien, y seguiremos por los puños, que hay que estirar con el botón hacia arriba.
- Estiramos una de las mangas y la alisamos siguiendo la costura doble posterior y aplanando el tejido hacia arriba hasta formar la raya superior. Empezando por la zona de la axila, pasamos la plancha de la costura hacia arriba procurando mantener la misma raya que hubiera de planchados anteriores. Repetimos con la otra manga.
- Damos la vuelta a la camisa y extendemos la espalda sobre la tabla. Empezamos planchando el canesú (la pieza de la parte superior de la espalda) desde el centro y llevando el pico de la plancha hacia las esquinas del cuello, el hombro y la axila.
- Seguimos planchando el resto de la espalda. Si es lisa, se trata de ir estirando bien el tejido con la

mano que no sostiene la plancha. Si tiene pinzas, empezamos a planchar desde el borde inferior hacia arriba y metemos la punta de la plancha en el pliegue para que quede marcado.

- Damos la vuelta a la camisa y planchamos la pechera empezando por el lado de los botones. Recuerda no pasar la plancha por encima, sino entre ellos. A continuación, planchamos la zona de los ojales, que, si no queda bien, vale la pena plancharla también por el revés.
- Hay personas que prefieren planchar las camisas dos veces, una al revés y otra al derecho. Mi opinión es que, si lo haces bien y tienes una buena plancha, con hacerlo una vez por el derecho hay más que suficiente.

¿Y si me equivoco?

La concentración es importante a la hora de planchar porque, una vez que pasas la plancha caliente, si haces una arruga o marcas una raya donde no es, resulta fastidiosa de quitar, aunque no es imposible. Para hacerlo, ten a mano un atomizador con agua limpia y atomiza bien encima de la raya o arruga hasta mojar bien el tejido. Espera un momento a que se seque (si pasas la plancha caliente sobre el tejido mojado podrías quemarlo) y, a continuación, pasa la plancha por la zona poniendo la muselina como protección.

Cómo limpiar y mantener tu plancha

Si se te pegó algo a la suela de la plancha, por ejemplo, un estampado de plástico que planchaste por error, espera a que esté tibia para que puedas tocarla, aplica fijador, frota con un estropajo suave y limpia bien con una franela de microfibra con agua.

Si la suciedad está más generalizada o si la suela se pega pero no acabas de ver el problema, busca una manera de sostener la plancha con la suela hacia arriba. Haz una pasta seca de bicarbonato y vinagre en un tazón, es decir, mucho bicarbonato y muy poco líquido, y aplícala sobre toda la suela evitando los agujeros. A continuación, enciende la plancha unos diez segundos para que se caliente y apágala. Deja reposar media hora y retira la pasta frotando con un estropajo suave y procurando que no entren residuos en los agujeritos. Si pasa, intenta quitarlos con la ayuda de un palillo, una aguja de punto o un cepillo de ropa. Si ves que no puedes, aprovecha para hacer una limpieza del depósito.

Para limpiar el depósito de la plancha o la caldera del centro de planchado llénalo de agua casi hasta arriba y acaba con vinagre de limpieza. A continuación, dobla un trapo viejo, apoya en él la plancha y ve soltando vapor sin parar hasta vaciar el depósito. De este modo, se limpiará por dentro y se limpiarán también los agujeros.

Si antes de limpiar la plancha manchaste alguna prenda con el sarro que salía con el vapor, aplica una pasta de bicarbonato y agua oxigenada, deja que actúe media hora y cepilla.

Buenas prácticas con la lavadora

- Lee bien las instrucciones de tu lavadora para conocer a fondo sus programas y prestaciones y aprovecharla al máximo.
- Si puedes, elige una lavadora con una velocidad de centrifugado que alcance las 1200 revoluciones.
- A lo largo del libro, cuando te digo que pongas la ropa a lavar me refiero siempre a un programa de como mínimo una hora y media y con una temperatura mínima de 30 °C. Los lavados más cortos no nos sirven cuando nos enfrentamos a ropa sucia de verdad o hemos añadido vinagre al lavado, porque no enjuagan la ropa lo suficiente.
- Separa la ropa por colores teniendo en cuenta las gamas cromáticas. Por un lado, pon la ropa blanca, que siempre se lava sola. A continuación, mira lo que tienes y distribúyelo teniendo en cuenta la

posible transferencia de colores. Ten en cuenta que, a menudo, la intensidad es más importante que el color en sí, por lo que quizá debas juntar la ropa de tonos claros por un lado y oscuros por el otro. También es muy útil conocer los colores primarios (rojo, amarillo y azul) y sus mezclas (naranja, verde y lila). Por ejemplo, si tenemos una prenda verde, que es una mezcla de azul y amarillo, la podemos lavar con ropa azul o ropa amarilla, pero es mejor no mezclarla con ropa roja.

- Lee bien las etiquetas de todas las prendas y haz un esquema resumen con toda la información para tenerla siempre a la mano. Con el tiempo, te la sabrás de memoria, pero nunca está de más tener estos datos cerca para cuando te entren las dudas.
- Si tienes dudas sobre el significado de los símbolos de las etiquetas, puedes consultarlos con facilidad en internet.
- Las camisas se lavan desabrochadas, excepto si son de un material delicado. En ese caso, abrocha dos o tres botones para que no pierda la forma e introdúcela sola en una malla de lavado.
- Cuidado con el exceso de peso, ya que podrías dañar el eje de la lavadora. Por norma general, al llenarla, tiene que haber un palmo de distancia entre la ropa y la parte superior del tambor. Ten en cuenta que el peso máximo que indica el fabricante se refiere a la ropa mojada. Por ejemplo, una toalla mojada pesa mucho más que unas sábanas.

Si tienes dudas, puedes mojar las prendas y pesarlas para hacerte una idea.

- Por norma general usa poco jabón y prescinde por completo del suavizante, que, a la larga, apelmaza y daña la ropa. Si lavas así la ropa, esta se mantendrá suave y cuidada más tiempo.
- Para evitar que las distintas prendas se enreden entre sí durante el lavado, mételas en la lavadora alternando una pieza grande y una pequeña. Esto funciona también para la secadora.
- Si tienes mascotas en casa, es probable que tus paquetes de ropa salgan llenas de pelos. Para evitarlo, mete un trozo de esponja limpia en el tambor y lava la ropa con ella. Cuando la saques, verás que ha atrapado la mayoría de los pelos. Puedes usar cada trozo de esponja varias veces hasta que esté lleno.

Cómo hacer el cambio de clósets

Aunque te dé flojera, hacer un buen cambio de clósets te ayudará a saber qué ropa tienes, deshacerte de las prendas viejas o estropeadas, limpiar los clósets por dentro y ordenarlo todo. Estos son los pasos que hay que seguir:

- **Saca toda la ropa.** ¿Toda? Sí, toda. Vacía el clóset por completo y distribuye el contenido sobre la cama agrupándolo por tipos, pantalones, camisas, ropa interior, etc., y, sobre todo, no te agobies. Pon una música que te guste y empieza a separar las piezas que vas a guardar otra vez en el clóset, porque las usas todo el año, y las que vas a meter en cajas para guardarlas hasta la temporada que viene.
- **Limpia bien el clóset por dentro,** cajones y ganchos incluidos.
- **Ten a la mano tres bolsas de plástico.** En una, pon la ropa en buen estado que ya no vas a usar, por el motivo que sea, y que vas a donar; en otra pon la ropa que vas a tirar; y en la última pon la ropa que no vas a usar de manera temporal, por un cambio de talla, un embarazo o el motivo que sea, pero que quieres guardar de momento. Cuidado con esta última categoría, porque aquí puedes acabar guardando muchas cosas «por si acaso» y que ese «acaso» no llegue nunca. Por norma general, si tienes cualquier prenda que haga más de tres años que no te pones, deshazte de ella. Si no ha llegado ya el «por si acaso», es posible que no llegue nunca.
- Guarda la ropa de la temporada saliente en una caja de almacenaje semirrígida o rígida, en función de tus necesidades. Asegúrate de que todo lo que guardas está limpio y en buen estado.

- Mete en el clóset toda la ropa de la temporada entrante ordenándola por tipos de prenda y colores, o siguiendo la distribución que te resulte más cómoda. Piensa en el uso que le vas a dar; es decir, ten más a la mano la ropa interior, que usas cada día, que las pijamas, que las vas a cambiar una vez por semana.
- Si vas a guardar ropa doblada, prueba el doblado vertical, que ahorra espacio y permite ver mejor las prendas. También puedes conseguir organizadores de cajones, que te facilitarán esta distribución.

Cómo ordenar zapatos

Ordenar zapatos puede ser todo un problema, porque pueden llegar a ocupar mucho espacio si no sabemos cómo organizarlos. Mi consejo es tener a la mano solo los de la temporada y guardar el resto en una caja debajo de la cama, en el desván o dentro del canapé. La idea es que la caja no sea hermética, sino que proteja del polvo, pero también permita que el contenido se ventile. Si va a ir a un espacio cerrado, como un desván, un clóset o un canapé, a mí me gustan las cajas semirrígidas de tela plastificada con cierre. Si la caja va a acabar en una bodega o similar, es mejor optar por una de plástico, porque es más resistente. A la hora de elegir el tamaño ten en cuenta dónde vas a guardarla y el peso que puedes manejar. Más vale tener varias cajas pequeñas que una muy grande pero que no puedes subir a una escalera.

Antes de guardarlos, los limpiamos bien, cepillamos también un poco las suelas y, si huelen, introducimos bolsitas de bicarbonato en su interior (ver p. 200). A continuación, los juntamos por parejas empeine con talón, con las suelas hacia fuera, y metemos cada uno de los pares dentro de una gorra de baño o un zapato de hospital. Si los zapatos son delicados y se pueden deformar, puedes guardarlos con la horma puesta o rellenarlos con papel de periódico.

Consejos para guardar documentos

- Los documentos personales que no vayas a llevar encima, tanto propios como de personas a cargo, es mejor guardarlos en carpetas individuales con el nombre de la persona en el exterior. Esto incluye también documentación médica.
- Lo mismo sucede con otros documentos, como declaraciones de la renta, facturas, escrituras, etc. Haz una carpeta o funda por tema y etiquétala bien. Después, guarda todas las carpetas en un mismo archivador.

- Si tienes radiografías grandes que no caben en carpetas, uno de los mejores sitios donde guardarlas es debajo del sofá.
- Una forma de tener los documentos personales, como credenciales, el pasaporte o el carnet, siempre a la mano es fotografiarlos y subirlos a la nube. Así, en caso de emergencia, tendrás al menos el número.

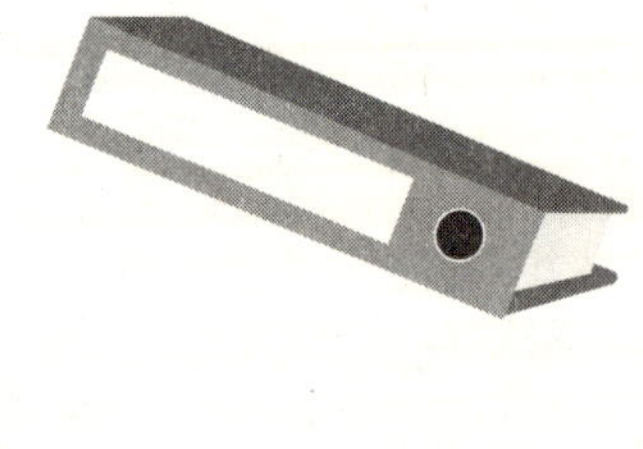

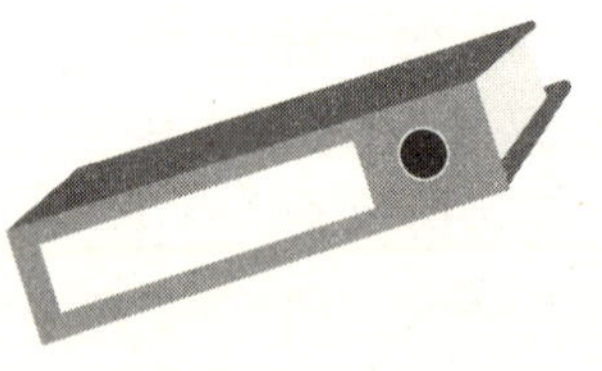

Agradecimientos

Mi lista de agradecimientos es interminable..., y seguro que se me olvida alguien, pero todos han ayudado de una u otra manera a que este libro vea la luz.

Lo primero de todo, como no podría ser de otra manera, a mi familia: a mi marido, porque aguantas mi inseguridad y mi estrés, porque has dejado a un lado tus proyectos para que yo pueda desarrollar los míos. Gracias por estar siempre a mi sombra. ¡Gracias por tu amor constante!

A mis hijos, ¡porque ellos me inspiraron poniéndome retos con desorden y con manchas! Y porque llevan con resignación el tiempo que les robo en esta nueva etapa laboral. ¡Los quiero muchísimo!

A mi madre y a mis hermanos, que, muy sorprendidos por esta nueva faceta mía, me apoyan en todo, les guste o no (¡ese es el mayor apoyo!).

En los agradecimientos quisiera meter a mis amigas, intentaré no olvidarme de nadie: las primeras, mi cuñada Teresa y mi hermana Bea, que son familia y amigas,

¡el mejor regalo! Sin olvidarme del resto de mis cuñadas y demás familia, siempre dispuestos a ayudar en lo que haga falta. Y qué decir de mis amigas del alma... En los chats tenemos nombres como las Divinas, las Mosqueteras, las Fantásticas..., ¡gracias por su apoyo constante!

A mis amigas M.ª Rosa, Inés y Marta, que prueban todos mis consejos sin dudar, me transmiten que están orgullosas de mí y, en realidad, soy yo la que se siente muy honrada de tenerlas a su lado.

A Victoria y a Bea que, siendo seguidoras de Instagram y sin conocerme casi, me han ayudado siempre de la forma más desinteresada.

También a Sabrina, mil besos para mi argentina del alma, que me ayudaba con mis desastres y con el grupo de Facebook que ella hizo sobre Marie Kondo. Ella fue quien me impulsó a lanzarme en este proyecto.

A Teresa de @ponundowunentuvida y a Macarena de @verderonstyle, que me empujan a ser fiel a mí misma... Al final tengo que dormir conmigo misma todos los días.

A Susana de @webosfritos, que me dijo que tenía que escribir este libro sí o sí, a Teresa de @yosilose y mi querida @Carmeron, por el acompañamiento incondicional.

A @beatrizperezotin, que confió en mí desde los principios para *La Noche* de Cope. Esto lo uno a María de @cenasparapeques. No pueden ser mejor personas.

A Paloma, de @7paresdekatiuskas, que no teniendo NADA de tiempo, siempre me ayuda ¡sacándolo de donde no lo hay!

A mi agencia de representación, ¡que me han ayudado a aprender tanto! Y a Sara, mi editora en Planeta, que confió en mí y me dio el valor suficiente para escribir este libro, y a Gema, que me ayudó en el proceso.

Y, por supuesto, a ustedes, mis seguidores: su trato cercano y siempre cariñoso, sus retos y su gratitud dan sentido a toda esta aventura maravillosa en la que me he embarcado. Sin ustedes, nada de esto habría sido posible.

¡Gracias, gracias y más gracias!

BEGO